General Textual Research
on Dissemination of Editions of
Marxist Classical Works

马克思主义经典文献传播通考

杨金海 李惠斌 艾四林 主编

李成旺 著

《路德维希·费尔巴哈和德国古典哲学的终结》青骊译本考

辽宁人民出版社

© 李成旺　2021

图书在版编目（CIP）数据

《路德维希·费尔巴哈和德国古典哲学的终结》青骊译本考 / 李成旺著. —沈阳：辽宁人民出版社，2021.4

（马克思主义经典文献传播通考 / 杨金海，李惠斌，艾四林主编）

ISBN 978-7-205-10146-6

Ⅰ.①路… Ⅱ.①李… Ⅲ.①《路德维希·费尔巴哈和德国古典哲学的终结》—恩格斯著作研究 Ⅳ.①A811.24

中国版本图书馆CIP数据核字（2021）第037783号

出版发行：	辽宁人民出版社
地　址：	沈阳市和平区十一纬路25号　邮编：110003
电　话：	024-23284321（邮　购）　024-23284324（发行部）
传　真：	024-23284191（发行部）　024-23284304（办公室）
	http://www.lnpph.com.cn

印　　　刷：	辽宁新华印务有限公司
幅面尺寸：	160mm×230mm
印　　张：	14.75
字　　数：	180千字
出版时间：	2021年4月第1版
印刷时间：	2021年4月第1次印刷
责任编辑：	李嘉佳
装帧设计：	晓笛设计工作室　舒刚卫
责任校对：	郑　佳
书　　号：	ISBN 978-7-205-10146-6
定　　价：	70.00元

马克思主义经典文献传播通考

编辑委员会

顾　问（以姓氏笔画为序）：

邢贲思　朱佳木　李　捷　宋书声　陈先达　赵家祥　柳斌杰
顾海良　顾锦屏

主　编：杨金海　李惠斌　艾四林
副主编：王宪明　李成旺　姜海波（常务）

编　委（以姓氏笔画为序）：

于向东　万资姿　丰子义　王　东　王树荫　王宪明　王峰明
王新生　王韶兴　方　红　艾四林　冯　雷　任　平　刘长军
刘同舫　汤志华　安启念　许静波　纪亚光　李　冉　李永杰
李成旺　李惠斌　李楠明　杨金海　肖贵清　吴晓明　佘双好
邹广文　沈红文　张兴茂　张秀琴　张树德　张雷声　张新平
陈金龙　陈学明　林进平　欧阳军喜　　　　罗文东　金民卿
庞立生　房广顺　郝立新　胡大平　姜海波　姜　辉　姚　颖
贺　来　聂锦芳　柴方国　徐俊忠　郭建宁　唐正东　康沛竹
商志晓　梁树发　蒋仁祥　韩立新　韩庆祥　韩喜平　韩　震
靳书君　蔡乐苏　翟民刚　考普夫（德）　　黑克尔（德）
宫川彰（日）　　平　子（日）　　阿利夫·德里克（美）

出版委员会

主　任：张卫峰　杨建军

副主任：张东平　和　龑　杨永富

委　员（以姓氏笔画为序）：

刘建国　许科甲　李红岩　李援朝　杨永富　杨建军　杨贵华

张　洪　张卫峰　张东平　和　龑　武国友　柳建辉　徐　步

聂震宁　黄如军　蔡文祥　魏玉山

本丛书研究得到"教育部哲学社会科学研究'庆祝中国共产党成立百年'重大专项"资助

总 序

呈献给读者的这套"马克思主义经典文献传播通考",旨在立足于21世纪中国和世界发展的历史高度,对我国1949年以前马克思、恩格斯、列宁等重要著作的中文版本进行收集整理,并作适当的版本、文本考证研究,供广大读者特别是致力于深入研究马克思主义经典作家原著的读者阅读使用。计划出版100种,4年内陆续完成编写和出版工作。

一、"马克思主义经典文献传播通考"概念界定

"马克思主义经典文献传播通考"在我国学术界是一个全新的概念。之所以这样说,是因为过去从未有人用过这一术语,甚至未曾有过这一理念。在我国学术界,对中国传统经典文献的考据乃至通考性的整理研究并不鲜见,包括对儒、释、道等经典的通考性整理研究成果十分丰富,但对近百年来中文版马克思主义经典文献的考据以及整理性研究只是近年来才逐渐为人们所认识,至于在此基础上的通考性整理研究还几乎没有进入人们的视野。所以,首先有必要对这里所说的"马克思主义经典文献传播通考"这一概念

的含义进行说明。

第一，这里所说的"马克思主义经典文献"，主要是指中文版的马克思、恩格斯、列宁的著作，斯大林的重要著作也适当列入。这些经典文献在中国的翻译传播，如果从1899年初马克思、恩格斯的名字和《共产党宣言》的片段文字传入中国算起，迄今已有120年时间，而且经典著作的翻译传播今天仍然在进行中。但为了工作方便，我们这里主要收集整理1949年以前的经典文献。原因是中华人民共和国成立后的经典著作翻译成果比较系统、完整，又使用比较标准的现代汉语，翻译术语也比较一致，在可见的时间内不需要进行深入的考证说明，同时我们人力有限，也无力做如此浩大的经典文献整理研究工作，只好留待后人去做。再则，这里所列入的主要是比较完整的经典著作文本，不包括片段译文文本，因为这些片段译文太过繁多复杂，我们也无力进行全面的整理研究。当然，个别十分重要的片段译文，也会在考据说明中论及，有的还会附上原文或部分原文。但总体说来，片段译文整理研究工作，也只能留待后人去作分门别类的整理研究了。

第二，这里所说的马克思主义经典文献"传播"，主要是指上述经典文本的翻译、出版，有时也会涉及学习、运用这些著作及其社会影响的情况。这些经典文献在我国的片段翻译传播从清末就开始了。其中，中国资产阶级改良派、革命派等都做过一些工作，但那时人们只是把马克思主义作为西方学术思潮之一来介绍，并没有自觉地把它当作指导中国社会发展的思想来研究运用。真正自觉把马克思主义作为指导中国革命的思想是十月革命之后的事。毛泽东曾经说过："十月革命一声炮响，给我们送来了马克思列宁主义。"①正是从这个意义上说的，是完全正确的。也正是在这个意义上说，李大钊是马克思主义中国化的第一人。在李大钊的引领下，五四新文化运动期间，马克思主义经典文献在中国的翻译传播形成了高潮。在这一时代大潮的推动下，1920年8月，陈望道翻译的《共产党宣言》完整中文译本在上海出版，这是我国历史上第一本完整的中文版马克思主义经典著作，从此开始了大量翻译马克思主义经典著作的历程。特别是1921年中国共产党成立后，我们党更加自觉地有组织、有计划地翻译经典著作。在土地革命战争、抗日战争、解放战争期间，在十分困难的条件下，这一工作始终没有停止。特别是在延安时期，于1938年5月5日马克思诞辰纪念日，中共中央成立了"马列学院"，其主要任务之一就是翻译马列经典著作。以此为阵地，我们党所领导建立的马克思主义翻译和理论研究队伍做了大量工作，到1949年中华人民共和国成立前，主要的马克思主义经典著作中文文本基本上都出版了。同时，在国民党统治区和日伪军占领区，很多进步人士和出版机构特别是三联书店，为马克思主义经典著作的翻译出版作出了重要贡献。设在苏联的莫斯科外国文书籍出版局的中文部为翻译出版中文版马克思主义经典著作作出了特殊重要的贡献。我们这套丛书就是要系统地反映经典著作翻译传播的这一历史过程。同时，也适当反映学习、运用马克思主义理论的历史面貌。

第三，这里所说的马克思主义经典文献传播"通考"，主要是指对上述经典文本的考据性整理和研究。文献考据或考证研究是中国学者作

---

① 毛泽东：《论人民民主专政》，载《毛泽东选集》第四卷，人民出版社1991年版，第1471页。

学问的优秀传统,也是中国学术的一个显著特点。比如古代的经学研究,一定要作相关的文字学、训诂学、版本学、辨伪学、音韵学等的考证研究。没有这些考证工作,得出的结论就靠不住。我们力求继承这个传统,同时,借鉴现代文献学研究方法,来从事马克思主义经典文献传播研究。按照古今文献考据方法,我们将深入考证研究马克思主义经典著作等文献传入中国的各个方面、各个环节,包括文本考据、版本考据、术语考据、语义考据、语用考据、辨伪考据、人物事件考证等。(1) 文本考据是对经典著作文本的翻译以及文本内容进行考证研究。如对《共产党宣言》1949年前多个中文版本的翻译情况进行考证并进行各个文本内容的比较研究,考证前人对有关重要思想理解的变化。(2) 版本考据是对经典著作等文献的出版性质和版次的考证研究。如《共产党宣言》的某个中文译本是否一个独立译本、是第几次印刷等,都要考证清楚。(3) 术语考据主要是对经典著作中的重要概念、术语以及人名、地名的考证研究。如"社会主义"这个概念在历史上曾经有多种译法,这就需要考证清楚。(4) 语义考据是对概念含义变化的考证研究。如对"社会主义"的理解在历史上曾经多种多样,需要考证清楚。(5) 语用考据是对概念的运用和发展的考证研究。(6) 辨伪考据是对有关文献的真假进行考证研究。如有的文章不是马克思写的,而被误认为是马克思写的,后来收入了《马克思恩格斯全集》中文第一版中,这就需要澄清。(7) 人物事件考证是对翻译者、传播者以及相关事件等进行考证,以期弄清经典文献翻译出版的来龙去脉。进一步讲,每一类考据又有很多种具体研究工作。如文本考据,包括中外文的文本载体形式研究、文本内容类别研究、文本收集典藏研究、文本整理利用研究、经典作家手稿研究、翻译手稿比较研究、文本研究的历史发展概况研究等。一句话，要做到"辨章学术，考镜源流"。这样，我们的文献考证工作才能做扎实。

同时，还力求借鉴西方解释学的方法，对有关重要概念作更深入的考证研究。既要对某一概念作小语境的考证，即上下文考证，又要作大语境考证，即对当时人们普遍使用此类术语的情况以及当时的历史文化背景作考证研究。进行这些考据工作很有意义，但绝非易事，这就要求我们掌握马克思主义经典著作的翻译史、传播史以及当时整个社会的语言文字环境，还要掌握外文，能够进行外文和中文的比较研究、各个中文版本的比较研究以及相关版本的比较研究。只有这样，才能准确把握经典作家思想的含义，对有关文本、译者的工作等作出公正合理的评价。

在这里，"通考"工作的两个方面即文献整理与考证研究是不可分割的。一方面要把这些文本整理出来，另一方面要把这些文本以及相关的问题考证研究清楚。文献整理是前提和基础，没有前期的文献收集整理就不可能进行深入研究；但考证研究又能够反过来促进文献整理，帮助我们进一步弄清文献之间的关系以及发现新文献，比较完整地再现经典文献的历史风貌。

第四，"马克思主义经典文献传播通考"是一个跨学科、跨专业、综合性、基础性的概念。总体上说，它是马克思主义学科的范畴，但也是文献学、传播学、翻译学、语言学、历史学、文化学、思想史等学科的概念。所以，要深化考证研究工作，需要各个学科的学者共同努力。我们这里只能为各个学科的研究做一些基础性工作。

还需要说明的是，正如大家所知道的，对任何概念的界定都有其局限性，它只能大致说明事物的本质、内涵，而不可能囊括一切。"马克思主义经典文献传播通考"这个概念也是如此，因为它涉及问题、学科太多，不可能十分精确，故而只能作上述大致说明。对这项工作内涵的理解，大家还可以进一步探讨。我们的想法是，"行胜于言"，无论如何，先把这一工作开展起来，在以后的工作中再逐步完善。

二、马克思主义经典文献传播通考何以必要

开展马克思主义经典文献传播通考这项工作之所以必要，是因为事出有因，且势在必然。总体而言，这是中国改革开放40多年实践发展的必然，也是马克思主义理论界乃至整个社会思想文化界深入研究探讨一系列重大理论问题的逻辑必然。

"问题是时代的呼声。"20世纪80年代和90年代初，伴随着改革开放的推进，人们对以往所理解的马克思主义基本理论、基本观点等提出了不少质疑。特别是在"什么是马克思主义""什么是社会主义"这些重大问题上，人们普遍感觉到过去没有弄清楚，需要重新加以理解。邓小平曾经说过："不解放思想不行，甚至于包括什么叫社会主义这个问题也要解放思想。"[①]他后来又强调说："什么叫社会主义，什么叫马克思主义？我们过去对这个问题的认识不是完全清醒的。"[②]于是，如何真正全面而准确地理解马克思主义、社会主义成为改革开放时代的大问题。围绕着这个重大时代课题展开了多方面讨论，形成了很多不同

[①]《邓小平文选》第二卷，人民出版社1994年版，第312页。
[②]《邓小平文选》第三卷，人民出版社1993年版，第63页。

观点。

为回答时代面临的课题，人们重新回到"经典文本"，力图把握马克思主义、科学社会主义最原初最本真的含义。这种情况反映到理论界，就提出了"回到马克思"的口号。由此很多学者发表了一系列文章、著作，讨论了各种解读马克思主义经典文本的方式，如"以马解马"即用马克思的话解读，"以恩解马"即以恩格斯的话解读，"以苏解马"即以苏联式马克思主义解读，"以中解马"即以中国化马克思主义解读，等等。这些讨论对人们从不同角度深化对马克思主义的认识发挥了积极作用，但是，问题依然没有被很好解决，因为对文本的理解各有不同，争论仍然不可避免。

随着探讨的深入，人们进一步追问起"文本翻译"问题。有人力图回到经典著作的外文文本即欧洲语言文本，认为中文版的"文本翻译"存在问题。例如，有人认为《共产党宣言》中的"消灭私有制"翻译错了，影响了对所有制改造的理解，这是我们在很长时期内追求"一大二公"社会主义所有制的根源所在，应当翻译为"扬弃私有制"，即对私有制既克服又保留。此种理解似乎可以为改革开放政策提供理论支撑，但也有对马克思主义经典著作的实用主义解读嫌疑，由此同样遭到了批评。

随着对经典文本翻译问题探讨的深入，"版本研究"被提上日程。人们发现在不同历史时期，翻译者对经典著作中重要术语的翻译是不同的，这表明中国人对马克思主义重要观点的理解是在不断变化、不断深入的。比如，在中华人民共和国成立之前，《共产党宣言》有6个完整而独立的中文译本，其中对"消灭私有制"的翻译均不完全相同。1920年陈望道译本是："所以共产党的理论，一言以蔽之，就是：废止私有财产。"1930年华岗译本是："所以共产党的理论可以用一句话来综结，就是：废止私有财产。"1938年成仿吾、徐冰译本是："在这个意义上，共产党人可以把自己的理论归纳在这一句话内：废除私有财产。"1943年8月博古译本是："在这个意义上，共产党人可以用一句话表示自己的理论：消灭私有财产。"1943年9月陈瘦石译本是："从这一意义上说，共产党的理论可用一句话概括：废除私产。"1949年莫斯科译本是："从这个意义上说，共产党人可以把自己的理论概括为一句话：消灭私有制。"可见，关于"消灭私有制"这一重要语句的译法有一个越来越准确的过程。原来译为"废止私有财产"等，只看到了这一观点的表象，只有译为"消灭私有制"才能抓住实质，即从经济制度上解决资本主义国家的社会问题。陈瘦石（当时生活在国民党统治下的知识分子）译为"废除私产"，很不准确，甚至有曲解，因为共产党人要废除的是私有财产制度，而不是简单废除包括私人生活资料在内的私产。由于人们在不同时期、不同社会条件下对《共产党宣言》理解不同，这就需要深入研究这部书的各个版本，并在此基础上进行历史性的文本比较研究。

经典著作"版本研究"深化的一个重要标志应当说是对《共产党宣言》版本的全面考证研究。1998年是《共产党宣言》发表150周年。为纪念这部不朽经典，也为更好理解马克思主义的本质要义，中央编译局和中央电视台联合制作了大型电视文献纪录片《共产党宣言》，笔者作为本片的主要撰稿人，和老专家胡永钦研究员一起对《共产党宣言》的中文版本第一次作了比较全面的梳理，发现这部书总共有12个独立而完整的中文译本，中华人民共和国成立前后分别有6个译本。①后来中国人民大学的高放教授又作了进一步研究，认为连同中国香港、台湾等地中文译本，《共产党宣言》共有23个中译本。②此后，学术界研究《德意志意识形态》《资本论》等经典著作版本的成果也越来越多。通过版本比较研究，人们对经典作家思想的理解越来越深。

对经典文本、翻译、版本研究的深入，又促使马克思主义"传播史"研究兴盛起来。人们发现，只孤立研究某一经典著作的文本、翻译、版本还不够，要深入把握中国人对马克思主义基本观点理解的变化，还需要研究马克思主义在中国传播的完整历史，包括马克思恩格斯列宁名字的翻译、经典著作的片段翻译、经典文本的完整翻译以及出版传播等。比如，关于马克思的名字翻译在历史上就有十几种，包括"马克司""马尔克斯""马陆科斯""马尔格士""麦喀氏""马儿克""马尔克""马克斯"等。通过研究传播史，才能把各个历史阶段的各种经典著作文本的关系弄清楚，通过对其中话语体系主要是概念体系的研究，从整体上弄清中国人100多年来对马克思主义、社会主义的重要概念、主要思想观点的理解。比如"社会主义"一词，在1899年2月发表的《大同学》一文中被译为"安民新学"，这是按照中国传统儒家思想对社会主义的理解；后来借用日文翻译术语，学术界广泛认同并接受了"社会主义"一词的译法，但对它的理解仍然很不相同。比如，孙中山理解

---

① 杨金海、胡永钦：《〈共产党宣言〉在中国的翻译、出版和传播》，载《科学社会主义》1998年"纪念《共产党宣言》发表一百五十周年"特刊；又见杨金海：《〈共产党宣言〉与中华民族的百年命运》，载《光明日报》2008年7月3日。

② 高放：《〈共产党宣言〉有23种中译本》，载《光明日报》2008年10月16日。

的社会主义和后来共产党人理解的社会主义就很不相同。实际上，直到今天我们学术界乃至整个思想界对社会主义的理解还在深化。传播史研究就是要研究这种变化发展的历史，从中发现规律性的东西，澄清人们在一些重大理论问题上的模糊认识，特别是要避免重复劳动。因为有很多现在争论的问题在历史上曾经出现过，有的早已解决，但由于人们不了解历史，常常旧话重提，造成重复劳动甚至新的思想混乱。传播史研究可以有效弥补这方面的不足。

中央编译局的学者们在马克思主义传播史研究方面做了大量工作。从20世纪50年代开始，由于翻译马克思主义经典著作的需要，编译局前辈学者就在不断研究梳理前人的翻译成果，并开展了马克思主义传播史方面的初步研究和宣传普及工作。1954年，中央编译局举办了"马列主义在中国的传播"展览，之后编辑了《马克思列宁主义著作在中国的传播》一书；1957年，为纪念十月革命胜利40周年，又与北京图书馆（即现在国家图书馆前身）合作主办展览；1963年，中央编译局专家丁守和、殷叙彝出版了《从五四启蒙运动到马克思主义的传播》一书；1983年，为纪念马克思逝世100周年，举办了"马克思恩格斯著作在中国"展览，之后编辑整理并由人民出版社出版了《马克思恩格斯著作在中国的传播》一书；1998年，举办了"《共产党宣言》发表一百五十周年"展览，并与中央电视台合作创作了两集文献纪录片《共产党宣言》，笔者为主笔；2011年，为庆祝中国共产党成立90周年，建立了我国第一个"马克思主义传播史展览馆"，创作了8集文献纪录片《思想的历程》，并由中央编译出版社出版《思想的历程——马克思主义在中国的百年传播》一书，笔者为总撰稿；2018年，为纪念马克思诞辰200周年，在国家博物馆举办"真理的力量——纪念马克思诞辰200周年"主题展览。2018年，根据中央机构改革方案，中共中央编译局与中共中央党史研究室、中共中央文献研究室合并成立了中共中央党史和文献研究院，但中央编译局的牌子仍然保留，以便继续用该名出版马列著作，有关专家学者仍然奋斗在马克思主义传播史研究的前沿阵地。由笔者牵头、一批中青年学者参加承担的国家社科基金重点项目"马克思主义传播史研究"正在进行，其出版成果《马克思主义传播史（中国卷）》两卷本也即将推出。

我国各高校、科研机构以及有关学者在马克思主义传播史研究方面作出了重要贡献。1955年，苏联学者柯托夫的《马克思主义在俄国的传播》一书由于深翻译，在时代出版社出版；次年，苏联学者巴特里凯也夫的《俄国现代无产阶级的出现——马克思主义在俄国的传播》由孟世昌翻译，在上海人民出版社出版。受苏联专家的影响，中国学者也开始研究马克思主义传播问题。比如，北京大学的黄楠森教授等于20世纪50—60年代，就开始研究马克思主义哲学史，其中包括马克思主义传播史内容，70年代初编成油印本。改革开放后，他与施德福、宋一秀教授一起正式出版了三卷本的《马克思主义哲学史》；后来黄楠森又与庄福龄、林利一起主编了八卷本《马克思主义哲学史》，其中第四卷讲马克思主义哲学在俄国的传播与发展，第七卷讲马克思主义哲学在中国的传播和发展。北京大学的林代昭、潘国华于1983年编辑了《马克思主义在中国——从影响传入到传播》，作为"中国近代思想和文化史料集刊"出版。中国人民大学的林茂生于1984年出版了《马克思主义在中国的传播》一书。中国社会科学院近代史研究所的唐宝林于1997年出版了《马克思主义在中国100年》，后来又再版，影响很大。此外，还有其他学者发表了若干关于马克思主义传播史的著作和文章。如姜义华在1983年《近代史研究》第1期发表《马克思主义在中国的初期传播与近代中国的启蒙运动》一文；高军在1986年完成《五四运动前马克思主义在中国的介绍与传播》一书，由湖南人民出版社出版；王炯华于1988年出版《李达与马克思主义哲学在中国》；桂遵义于1992年出版《马克思主义史学在中国》等。

进入21世纪后，我国学者在马克思主义传播史方面的研究成果更多，视野更广阔，特别是深化了分门别类的研究。一是加强早期传播的研究。如王东等于2009年出版《马列著作在中国出版简史》；田子渝等于2012年出版《马克思主义在中国初期传播史（1918—1922）》；方红于2016年出版《马克思主义在中国的早期翻译与传播》等。二是加强分支学科传播史的研究，包括马克思主义哲学、经济学、法学、新闻学、文艺理论、党建理论、宗教理论等传播史研究。如谈敏于2008年出版《回溯历史——马克思主义经济学在中国的传播前史》；庄福龄于2015年出版《中国马克思主义哲学传播史论》；胡为雄于2015年出版《马克思主义哲学在中国传播与发展的百年历史》；文正邦于2014年出版《马克思主义法哲学在中国》；张小军于2016年出版《马克思主义法学理论在中国的传播与发展（1919—1966）》；丁国旗于2017年出版《马克思主义文艺理论在中国》等。三是加强地方传播史研究。如淮北市委党史研究室于2004年出版《中国共产党淮北地方史》第一卷，专门用一节讲述了"马克思主义在淮北的传播"；闫化川于2017年出版《马克思主义是怎样生根中国的——马克思主义在山东早期传播研究》；2017年，黄进华出版《马克思主义在哈尔滨传播的历史经验和现实启示》。四是加强对马克思主义翻译家和理论家的研究。如叶庆科于2006年出版《杨匏安：我国传播马克思主义的先驱》；郭刚于2010年出版《中国早期马克思主义的传播——梁启超与西学东渐》；笔者主编的《姜椿芳文集》《张仲实文集》分别于2011年、2015年问世，其中包括对姜椿芳、张仲实两位马克思主义翻译大家所作贡献的研究介绍；西南财经大学经济学院和马克思主义经济学研究院编《陈豹隐全集》于2013年之后陆续出版；湖南常德市赵必振研究会对我国马克思主义传播的早期学者赵必振的文献进行整理编纂，于2018年出版《赵必振文集》。五是加强对经典文本解读史、概念史的研究。如王刚于2011年出版《马克思主义中国化的起源语境研究——20世纪30年代前马克思主义在中国的传播及中国化》；尹德树于2013年出版《文化视域下马克思主义在中国的早期传播与发展》。近几年来，一些学者还发表了一系列关于马克思主义概念史的文章，深化了传播史研究。

随着马克思主义传播史研究的深化，系统性的马克思主义"文献编纂"乃至"马藏编纂"工作被提上日程。人们越来越发现，要完整把握马克思主义精髓，特别是要完整把握100多年来中国人对马克思主义理解的情况，需要系统整理马克思主义经典文献。在经典文献典藏方面，中央编译局做了较多工作。由于工作需要，这里的专家学者收集整理了国内最丰富、最齐全的马克思主义经典文献，其中包括中华人民共和国成立后所有中文版的马克思主义经典文献，以及各种外文版的马克思主义经典文献，也包括中华人民共和国成立前的不少经典著作文本文献。国家图书馆、上海图书馆等也拥有丰富的马克思主义经典文献典藏。但即使如此，也不能够满足马克思主义经典文本、版本以及传播史研究的需要，因为这些文献典藏总的来说具有零散性，特别是早期文献，分散珍藏在不同图书馆和有关机构的资料室，人们使用起来很不方便。为此，近些年来不少学者把文献考据研究与文献编纂工作紧密结合起来，推出不少成果。如吕延勤主编《马克思主义在中国早期传播史料长编（1917—1927）》（上、中、下卷），2016年由长江出版社出版；田子渝主编《马克思主义在中国早期传播著作选集（1920—1927）》三卷本，于2018年由湖北人民出版社出版。这些经典文献整理出版大大方便了马克思主义传播的考据研究。但目前的文献整理出版工作仍然有局限性，十月革命之前和大革命之后的经典文献整理出版较少。

于是，学者们提出应当编纂"马藏"。大家知道，中国历史上各个主要学派都有自己的典藏体系，儒家有"儒藏"，佛家有"佛藏"，道家有"道藏"。马克思主义作为在近现代中国影响最大的思想体系，也应当而且能够建立自己的典藏体系。顾海良教授是这方面的领军人物，他领导的北京大学《马藏》编纂工程于2015年3月启动，已经取得初步成果，于2017年5月4日发布出版第一批书共5卷，370万字。他认为，《马藏》编纂工作的任务是"把与马克思主义发展有关的文献集大成地编纂荟萃为一体"，这是很正确的。但这项工作太复杂庞大，需要众多学者一起来做才有可能最终完成。

最近几年，笔者根据中央编译局马克思主义文献典藏情况，围绕"马藏"体系建立也提出了一些想法。笔者认为，"马藏"体系应当包括三个层次：一是核心层，即马克思、恩格斯、列宁等经典作家的手稿以及最初发表的文献；二是基本层，即《马克思恩格斯全集》历史考证版即原文版（亦称MEGA版）、《列宁全集》俄文版等经典著作的外文版本，《马克思恩格斯全集》中文第一、二版，《列宁全集》中文第一、二版，中国化马克思主义经典著作；三是外围层，包括经典著作各种版本的选集、文集、专题读本、单行本，以及研究马克思主义经典的代表性著作。这些经典文献有上千卷，可以与中国历史上任何典藏系列（如儒藏、道藏、佛藏）相媲美。①顺便说一句，"马藏"体系的建立将意味着中国现代文化典藏基础的确立，它和中国传统文化典藏一起构成中华文化的典藏体系，其意义远远超出了马克思主义经典著作文本和传播史研究本身。根据这个想法，我们不同单位或部门的学者应当根据自己的工作实际开展工作。"马藏"体系的核心层、基本层实际上一直是由中央编译局在做的，也比较完善了。我们今天最需要做的就是"补短板"，即把外围层中的各种零散的历史性的经典文本文献收集整理起来，供大家作历史性研究之用。这些历史性的经典文献也很多，所以应当首先把中华人民共和国成立前比较完整的经典著作文本整理出来，以供马克思主义经典文本、版本、传播史考据等研究之用。

于是，我们的"马克思主义经典文献传播通考"丛书也就应运而生了。可见，开展这项工作，不是我们一时激动的产物，而是我国学术界马克思主义理论研究逐步深化的逻辑必然，做好这项工作也是当务之急。这项工作做好了，不仅有助于马克思主义经典著作翻译和文本、版本、传播史的研究，也能够为建立完整的"马藏"体系提供历史上的各种基础文本，还有助于整个中国现代思想文化的研究和建设。

---

① 杨金海：《马克思主义发展史学科群建设之思——马克思主义传播史研究视角》，载《北京行政学院学报》2018年第1期。

三、马克思主义经典文献传播通考何以可能

今天进行马克思主义经典文献传播通考是否可行？回答是肯定的。如果放在20年前，做这项工作几乎是不可能的。因为那时大家还没有对马克思主义理论进行深入的文本、版本、传播史、概念史、解读史等考据研究的概念，更没有建立"马藏"的想法，所以，也就不可能有此思想动力。这是从主观上讲的。从客观上看也是如此。当时的研究还很不够，也还没有今天这样发达的信息技术，所以要弄清中华人民共和国成立前究竟有多少经典著作文本已经翻译出来、藏在何处，是很困难的，就更不用说把各种经典著作的不同文本收集起来并整理出版了。

经过长期的积累，特别是近几十年的经典著作研究，今天我们已经具备了进行马克思主义经典文献传播通考的基本条件。

一是越来越多的人意识到经典文献考据研究的重要性，不仅把马克思主义作为意识形态来研究，而且进一步把马克思主义作为科学的学术体系乃至"新国学"之重要内容来研究。长期以来，在我国有一种不正确的认识，就是认为马克思主义是一种意识形态，没有学术性，甚至不是学问。实际上，意识形态也有科学与非科学之分。马克思主义是一种科学的意识形态，由此决定了它具有科学性，完全可以作为学术来研究。之所以有人认为它不具有学术性，一方面，是因为这些人不懂马克思主义；另一方面，是因为我们马克思主义学界在学术、文化层面研究马克思主义不够，有分量的学术成果不多。要克服这一缺陷，就要努力借鉴其他学科的研究方法，包括借鉴我国传统的学术文化研究方法，拿

出可以与其他学科相媲美的学术成果来。例如建立"马藏"体系就是很好的学术性工作。2014年在成中英先生八十大寿庆祝会上,笔者尝试性地提出"新国学"概念。所谓"新国学",就是包括马克思主义学说在内的中华学术体系,是当代整个中华文化的基础。我们以往所说的"国学"实际上是"老国学",即以儒、释、道为主的中国传统学术体系,今天这样讲还说得过去,但实际上已经不准确了,再过若干年就更不科学了,因为我们今天还有马克思主义学说。毫无疑问,自五四新文化运动以来,马克思主义在我国已经逐步成为中华学术体系的重要组成部分,可以与传统的儒、释、道等相媲美,因此不能把它排斥在国学之外。类似情况,在历史上是有过先例的。大家知道,佛学是西汉时传入中国的,是外来文化,但2000年后的今天,谁还能说它不是中国文化之一部分呢?马克思主义也是这样,况且它比佛学的作用要大得多,它传入中国才100多年,就深刻改变了中华民族的命运,也深刻改变了中国传统文化,已经成为当今中华文化的重要组成部分乃至核心部分。随着时间的推移,将来我们的国学体系一定会把"马学"加进来,形成"儒、释、道、马"并驾齐驱、以"马"为魂的繁荣发展局面。当然,"马学"作为"新国学"的重要组成部分并为人们所接受,还需要努力构建自己的学术体系。比如要借鉴中国传统学术文化研究的方法,像整理编纂《四库全书》那样,把马克思主义"经""史""子""集"等都整理出来,形成蔚为壮观的经典体系、学术体系,供后人研究之用。此外,我们对马克思主义的各种研究也要具有深厚的学理性。这样,"马学"作为科学的学术体系才能够完善起来。"知难行易",应当说经过这些年学界同仁的共同努力,已经有越来越多的人意识到马克思主义经典文本整理和考据工作的重要性。这就为顺利推进这项工作奠定了思想基础。

二是这些年有关马克思主义经典文本整理研究的成果越来越多，使得我们基本知道了有哪些经典文本、版本及其传播、珍藏等情况。特别是近几年来，这些研究成果每年都在成倍地增长。很多深藏密室的历史文献被挖掘出来，包括一些经典文本、马克思主义经典著作翻译家、出版家、教育家以及取经潮、取经路线、传播方式等，成为学界研究的热点。与之相伴随，马克思主义经典著作原文版、手稿的收集整理和深度研究成果也越来越多。中央编译局的学者在这方面的成果较多。笔者在经典文献研究方面也做了一些工作，如与冯雷共同主编了37卷"马克思主义研究资料"丛书；与李惠斌主编了40卷"马克思主义经典著作研究读本"丛书。王学东主编了64卷"国际共产主义运动历史文献"丛书。这三套丛书均由中央编译出版社出版。清华大学艾四林主编了20卷"马克思主义经典著作导读"丛书。北京大学聂锦芳主编了12卷"重读马克思——文本及其思想"丛书。其他单位学者在这方面的成果也越来越多。这些经典文献的收集整理和相关大型丛书的编辑出版，以及学术界同仁的大量相关研究成果的发表，为我们推进马克思主义经典文献考据工作提供了丰富资料。

三是马克思主义经典文本考据研究队伍日益壮大，经验日益丰富，方法不断更新。不仅马克思主义理论界很多学者在从事这方面工作，而且其他各界学者也参与进来，包括翻译界、历史学界、民族学界、宗教学界、文学艺术界等方面的学者近些年来都在积极挖掘整理、考据马克思主义的有关历史文献，使得马克思主义经典文本考据研究逐渐成为

"显学"。自2004年中央马克思主义理论研究和建设工程实施以来，培养了一支老、中、青结合的马克思主义学术队伍。各个大学马克思主义学院相继建立，各级社会科学院的马克思主义研究机构日益建立和完善，党和政府、军队研究机构里马克思主义理论研究队伍不断扩大，社会思想文化界对马克思主义理论的研究、宣传和普及工作在加强，这些都大大加速了马克思主义学术队伍培养和学科建设的步伐。特别是近年来，一批优秀的中青年马克思主义学者茁壮成长。他们思维敏捷，年富力强，外语水平很高，知识结构新颖，研究方法现代，不仅能够借鉴中国传统的考据方法，也能够借鉴西方解释学方法等进行研究，越来越具备了中外比较研究、历史比较研究的能力，由此，成为经典文本考据研究的中坚力量。

四是当今发达的信息技术为我们查找、收集、研究经典文本文献提供了快捷便利的条件。进行深入的经典文献考证，需要掌握大量国内外文献资料。比如要用到马克思手稿，而原始手稿的大约三分之二珍藏在荷兰皇家科学院国际社会历史研究所档案馆，三分之一珍藏在俄罗斯国家社会政治史档案馆；要考证经典文本的翻译，还会用到日文版经典著作文本，而这些大多珍藏在日本，个别文本分散珍藏在我国各地的图书馆。要大量使用这些资料在过去几乎是不可能的，但是在今天，通过网络信息技术，就可以比较好地解决这些问题。再者，随着我国现代化事业的推进，我们的经济实力越来越强，在马克思主义经典文本研究方面的投入越来越多。这些物质力量的增强为我们开展这样大规模的整理编纂工作提供了保障。

总体而言，经过马克思主义学界同仁的长期努力，中国已经成为当今世界最大的马克思主义经典著作翻译和研究国家。特别是近些年来，我国学者关于经典文本考据研究的理念越来越新、成果越来越多、队伍越来越强、保障条件越来越好。随着马克思主义学院的建立，马克思主义理论教学和科研工作越来越受到重视，学科体系建设越来越完善，我们的研究成果也越来越有用武之地。这些都为我们深入开展大规模的经典文献整理和研究提供了现实可能性。

四、"马克思主义经典文献传播通考"丛书编写的思路和原则

马克思主义经典著作是学习和研究马克思主义理论的基础文本，历来为人们所重视。在我国马克思主义传播史上，曾经翻译出版过很多种经典著作的中文本。比如，《共产党宣言》总共有至少12个完整的中文译本；《资本论》在1949年以前也有好几个中文译本。这样说来，光是1949年以前翻译出版的经典著作文本或专题文献文本就有上百种。这些不同的中文译本反映了中国人在不同历史时期对马克思主义经典著作理解的不同水平。

编辑这套丛书的直接目的，是要把1949年以前的主要经典著作文本原汁原味地编辑整理出来，并作适当的考证说明，供大家作深入的历史比较研究、国际比较研究之用；从更长远的目的看，是要为建构完整的中国马克思主义典藏体系、学术体系、话语体系乃至为建构现代中华文化体系做一些基础性工作；最终目的，则是要通过历史比较，总结经验，澄清是非，廓清思想，统一认识，破除对马克思主义错误的或教条

式的理解，全面而准确地把握马克思主义理论精髓，弘扬马克思主义精神，继承马克思主义理论，在此基础上深化对中国化马克思主义的理解和研究，为推进当代中国马克思主义、21世纪马克思主义，确保科学社会主义伟大事业长久发展提供科学的理论支撑。

本丛书体现如下特点，这也是丛书编写工作所力求遵循的原则：第一，体现历史性和系统性。本丛书主要收集1949年以前的经典著作中文译本，对1949年以后个别学者的译本也适当收入。中华人民共和国成立后由中央编译局翻译出版的经典著作，由于各大图书馆都可以查到，且各种译本变化不大，故不在收录范围。对所收集的历史文献力求系统、完整，尽可能收集齐全1949年以前经典著作的各种译本，按照历史顺序进行编排。对同一译本的不同版本，尽可能收集比较早且完整的版本。对特别重要的片段译文作为附录收入。第二，突出文献性和考证性。力求原汁原味地反映各种经典著作的历史风貌。为此，采取影印形式，将经典著作的文本完整地呈现给读者。同时，要对文本的情况进行适当的考证研究，包括对原著者、译者、该译本依据的原文本、译本翻译出版和传播的情况及其影响等作出科学说明。这些考证研究要有充分的史料根据，经得起历史检验。要力求充分反映国内外有关研究成果，特别是要充分反映我国改革开放以来在经典著作文本、版本研究方面所发现的新文献、取得的新成果。第三，力求权威性和准确性。一方面，所收集的经典著作文本力求具有权威性和准确性。力求收集在当时具有权威性的机构出版的、质量最高的经典译本，避免采用后人翻印的、文字错误较多的文本。另一方面，考证分析所依据的其他文献资料，也力求具有权威性和准确性。要选择国内外在该研究领域最具权威性的专家学者的最具代表性的观点和最有影响力的文章。再者，对文本有关问题的阐述，比如，对人名、地名、术语变化的说明，或对错字、漏字等印刷错误的说明等，要具有权威性和准确性。第四，力求做到史论结合、论从史出。本丛书的主要任务是对经典文本以及相关问题进行历史性的考证梳理，但考证不是目的，而是手段，根本目的还是要深化对马克思主义基本理论和基本观点的全面的、准确的理解，并最终用以指导实践。所以，在考证研究的同时，要始终牢记最终目标，以便从历史文献的分析研究中得出令人信服的科学结论。所以，在每一经典文本的考证说明中，都既要说明经典文本文献的来龙去脉以及考证梳理的情况，又要从中得出若干具有启发性的结论，以帮助读者正确认识经典著作中的有关重要思想，特别是要在统一认识、消除无谓争论上下功夫。这样，该丛书就不仅能够为读者提供原始的经典著作文本文献，还能够为读者进一步研究这些文本提供尽可能丰富的、具有权威性和准确性的相关文献资料，并提供尽可能中肯的观点和方法，从而能够使丛书成为马克思主义典藏的重要组成部分而流芳后世。

基于上述考虑，本丛书采取大致统一的编写框架。除导言外，各个读本均由四个部分组成。一是原著考证部分，其中包括对原著的作者、写作、文本主要内容、文本的出版与传播情况的考证性介绍；二是译本考证部分，包括对译本的译者、翻译过程、译本主要特点、译本的出版和传播情况的考证梳理；三是译文考订部分，包括对译文的质量进行总体评价，对有关重要术语进行比较说明，对错误译文、错误术语或错误印刷进行查考、辨析和校正性说明；四是原译文影印部分，主要收入完整的原著译本，同时作为附录适当收入前人关于该书的片段译文。

通过这样的考证研究，力求凸显这套丛书的编辑思路，即对经典著作的文本、版本有一个建立在考据研究基础上的总体性认识。每一本书都要能够回答这样一些问题：如这本书是什么，它在马克思主义发展史上的地位如何，它在世界上的传播情况怎样，它是什么时候传播到中国的；该中文本的译者是谁，译本的版本、传播、影响、收藏情况怎样；该译本中的重要概念是如何演化的，中国人对这些概念的理解过程怎样，对我们今天的理论研究和实践探索特别是对解决今天有关重大理论问题的争论有何启示，等等。这些问题回答好了，就能够帮助读者更深入地理解经典著作中的思想观点，并能够从文本的历史比较、国际比较中把握中国化马克思主义发展的思想历程，从而为进一步深化马克思主义理论研究提供深厚的思想资源和学理支撑。

"日月光华，旦复旦兮。"我们是怀着一种迎接中华民族伟大复兴的历史使命感、对马克思主义学术文化的深深敬畏之情来做这项工作的。一是敬畏经典。近百年来，为振兴中华民族，为推进中国思想文化的现代化，无数志士仁人历经千辛万苦把马克思主义真经取回来，并通过翻译研究形成了汗牛充栋的马克思主义经典文献，由此奠定了中国现代文化的典藏基础，为实现中华文化从传统形态向现代形态转化作出了巨大贡献。我们面前的这些文献，正是在马克思主义传播过程中形成的"马藏"中的重要经典文本。拂去历史尘埃，整理、考证和再现这些经典文献的历史原貌，发掘其中的深厚文化意蕴，敬畏之心油然而生。能够通过我们的工作使这些闪耀着历史光芒的典籍和伟大思想更好地传承下去，为中国现代文化体系的建设打下坚实的典藏基础，正是本丛书作者和编者的共同期愿所在。二是敬畏先驱。近百年来，一代又一代翻译家和理论家薪火相传,把马克思主义经典引进中国,特别是在民主革命时期,很多翻译工作是在十分困难和危险的条件下进行的,有不少先辈为此贡献了一生乃至宝贵生命。他们的事迹可歌可泣,他们的艰辛堪比大唐圣僧玄奘西天取经,他们的历史功绩和伟大精神将在历史的天空熠熠生辉!能够通过我们的这项工作,让一代代后人记住这些历史人物和历史故事并将先辈们的宝贵精神传承下去,我们将备感荣幸。三是敬畏责任。面对百年来形成的浩如烟海的马克思主义经典文献需要研究整理,面对百年来一批批可敬可爱的译介者需要研究介绍,面对百年来马克思主义中国化的伟大历程需要梳理继承,我们需要做的工作太多太多。由此,不论是作者还是编者,都不能不对自己所从事的这项工作产生出由衷的敬畏之情。唯有通过努力,精心整理好这些文献,为最终形成完整的中国特色马克思主义典藏体系作一点贡献,为马克思主义学说在中国乃至世界千秋万代薪火相传做一点铺路工作,才能告慰马克思主义经典作家,告慰这些理论先驱和翻译巨匠们!

2018年是马克思诞辰200周年,《共产党宣言》发表170周年;2019年是中国先进分子自觉选择马克思主义作为观察中国和世界命运之思想武器100周年;2020年是《共产党宣言》第一个完整的中文译本问世100周年;2021年是中国共产党成立100周年,这一个个光辉的历史节点展现出马克思主义在中国发展的强大生命力。在这个新时代的新时期,陆续出版大型丛书"马克思主义经典文献传播通考",对推进马克思主义理论研究和建设工作,有着特殊重要的意义。

需要说明的是,对于经典文本的研究,往往会有仁者见仁、智者见智的情况。所以,尽管我们在组织编写工作中努力体现上述编写思路、原则和精神，书中的观点也不一定都很成熟，不可能与每一位读者的观点完全一致。加之每位作者研究角度不同，水平各异，每一本书的结构、篇章、内容、观点都不尽相同，其权威性也不尽一致，其中很可能有疏漏和错误之处，谨请读者批评指正。

该丛书在设计、编写和出版过程中，得到了各方面的大力支持。清华大学马克思主义学院将这项工作列入重要议事日程，作为该院马克思主义传播史研究中心重大项目，艾四林院长以及各位同事对此项工作给予大力支持。中共中央党史和文献研究院（中央编译局）十分重视对马克思主义传播史的研究，对此项研究给予各个方面的支持。国家出版基金将该丛书列入资助项目，辽宁省委宣传部将此项目列入文化精品扶持项目。辽宁出版集团和辽宁人民出版社在丛书的选题策划和编辑出版中做了大量工作。在编写过程中，中共中央党史和文献研究院（中央编译局）信息资料馆、国家图书馆、上海图书馆、清华大学图书馆、北京大学图书馆、国家博物馆等单位给予鼎力支持。本丛书中汲取了我国学者大量的研究成果。该项目顾问、我国马克思主义理论界德高望重的陈先达教授、赵家祥教授等专家对丛书的编写工作给予热情指导，编委会成员和各位作者为丛书的编写付出了辛勤劳动。

谨在此一并致以衷心的谢意！

杨金海

2019年5月5日于清华大学善斋

目录

001	总　序 / 杨金海
001	导　言
007	《路德维希·费尔巴哈和德国古典哲学的终结》原版考释
008	一、写作及出版背景
014	二、各版本说明
022	三、内容简介
041	《路德维希·费尔巴哈和德国古典哲学的终结》青骊译本考释
042	一、译介背景
046	二、译者介绍
054	三、编译及出版情况
057	《路德维希·费尔巴哈和德国古典哲学的终结》青骊译本译文解析
058	一、术语考证
062	二、观点疏正
074	三、译文校释
079	结　语
081	参考文献
087	原版书影印
200	后　记

导言

《路德维希·费尔巴哈和德国古典哲学的终结》（以下简称《费尔巴哈论》），由恩格斯于 1886 年初撰写。针对 19 世纪 80 年代以来马克思主义在欧洲实践发展过程中所受到的误读与曲解，恩格斯撰写该著旨在系统阐明马克思主义哲学与德国古典哲学之间的关系，进而完整彰显马克思主义哲学的革命性变革及其基本原理，进一步推进马克思主义的实践发展。该著写作的直接起因则是恩格斯应德国社会民主党理论杂志《新时代》编辑部的邀请，撰写一篇批评文章"来评述施达克那本论费尔巴哈的书"①，因此该著最初是以评论文章形式刊登在《新时代》杂志 1886 年第 4 期和第 5 期。两年之后，经过恩格斯修订的该著单行本于 1888 年在斯图加特出版，恩格斯为此于 1888 年 2 月 21 日在伦敦专门写了序言，同时首次把马克思的《关于费尔巴哈的提纲》作为附录附于书后，一同发表，该著原文为德文。

　　《费尔巴哈论》在马克思主义发展史上以及工人阶级运动过程中具有重要的地位。恩格斯在该著序言中论述道，他与马克思在 1845 年时就着手阐明唯物史观，通过对青年黑格尔派的批判来阐明唯物史观与德国观念论之间的对立，实际上也对他们之前的哲学信仰加以清算，但由于当时德国书报检查制度的限制，出版商与青年黑格尔派利益攸关，以

---

① 《马克思恩格斯文集》第四卷，人民出版社 2009 年版，第 266 页。

及马克思反对了德国共产党内相当大一部分党员的空想和浮夸[1]等原因，围绕这一主题所撰写的著作手稿（《德意志意识形态》手稿）始终未能出版。恩格斯进一步指出，从1845年以来的40多年间，马克思已经逝世，他们都没有机会就此问题展开进一步论述，尽管对他们和黑格尔之间的关系在有些著作中也有过说明，但这些说明都不够全面系统。特别是对于他们与费尔巴哈之间的关系，则再也没有专门论述过，而费尔巴哈"在好些方面是黑格尔哲学和我们的观点之间的中间环节"[2]，曾经深刻影响过马克思与他自己。

正是在《费尔巴哈论》中，恩格斯实现了上述愿望，全面、系统地阐明了马克思主义哲学与黑格尔哲学、费尔巴哈哲学之间的关系，从中完整、准确地阐明了马克思主义哲学，特别是唯物史观的创新性变革及其理论实质，为新的背景下马克思主义的发展和工人阶级运动提供了具体的理论指南。到了1890年，恩格斯在致康拉德·施米特的信中还强调指出："关于宗教，我在论费尔巴哈的最后一章里已经把最必要的东西说过了。"[3]也即他在《费尔巴哈论》中所阐明的历史唯物主义原理，系统论述了应当从与物质生活条件的联系中来理解宗教。在1893年致弗拉基米尔·雅柯夫列维奇·施穆伊洛夫的信中谈到历史唯物主义的起源时，恩格斯再次提到了《费尔巴哈论》，特别指出"关于历史唯物主义的起源，在我看来，您在我的《费尔巴哈》（《路德维希·费尔巴哈

---

[1]《马克思恩格斯文集》第十卷，人民出版社2009年版，第53页。
[2]《马克思恩格斯文集》第四卷，人民出版社2009年版，第265页。
[3]《马克思恩格斯文集》第十卷，人民出版社2009年版，第600页。

和德国古典哲学的终结》）中就可以找到足够的东西——马克思的附录其实就是它的起源"①。有鉴于此，列宁才指出该著"同《共产党宣言》一样，都是每个觉悟工人必读的书籍"②。

《费尔巴哈论》在马克思主义发展史上之所以具有重要的地位，是由于恩格斯在该著中围绕如下重大理论问题进行了系统阐述，实现了理论创新。第一，恩格斯在该著中首先论述了从黑格尔到费尔巴哈以来德国古典哲学的发展历程。第二，恩格斯深入揭示了哲学基本问题，驳斥了不可知论。第三，恩格斯揭示了费尔巴哈的宗教哲学及其抽象道德学说的实质，指出费尔巴哈通过宗教变革来促进人类社会进步的思路表明其依然是一个观念论者，而历史唯物主义则真正实现了对德国观念论哲学的超越，这是时代的必然要求。第四，指出正是由于马克思恩格斯继承了黑格尔辩证法的革命性方面，将其贯彻到对自然界和人类社会历史领域的理解之中，才揭示出历史唯物主义基本原理。《费尔巴哈论》及时、客观地阐明德国古典哲学的理论实质，系统阐述马克思主义哲学的发展历程及其革命性变革，使其成为"马克思主义发展史上公开出版的第一本全面和系统地阐述马克思主义哲学和德国古典哲学之关系的著作"③，由此有力地驳斥了理论界对马克思主义哲学的误读与曲解，这无疑具有重要的理论和现实意义。

由于《费尔巴哈论》有力地反驳了资产阶级理论家对马克思主

---

① 《马克思恩格斯文集》第十卷，人民出版社 2009 年版，第 647 页。
② 《列宁专题文集——论马克思主义》，人民出版社 2009 年版，第 67 页。
③ 唐正东：《马克思恩格斯哲学原著选读》，北京师范大学出版社 2010 年版，第 277 页。

义的曲解与攻击，遏制了欧洲各国以各种理论形态试图复活德国古典哲学的努力，消解了"真正的社会主义"对科学社会主义运动所造成的危害，恢复了马克思主义哲学的本来面目，促进了马克思主义的实践发展，因而该著甫一问世，便迅速在国际范围内得到了广泛传播。在该著单行本出版后的第二年，就在俄国出版了俄译本，随后在波兰、葡萄牙、保加利亚、法国、英国、日本、美国等国家以多种文字翻译出版，并且在有些国家还多次再版。在中国，自1929年10月由林超真首次翻译该著中译本以来，迄今已经出现10余种中译本，其中有些中译本还多次再版，可见该著影响之广泛。

《费尔巴哈论》青骊译本于1932年11月由社会主义研究社出版。在此之前，尽管国内已经出版了该著的4种中译本，但是一方面，在当时的国统区马克思主义著作被视为禁书，进步青年很难买到；另一方面，青骊认为之前的译本或存在错译、硬译、文句不好理解等现象，或存在内容遗漏等现象，因此，作为北平社会科学研究会发起人和组织者之一的裴丽生（笔名青骊），决定重新翻译此书，试图在文句上做到"务求简明"，在意义上做到"务求信达"，同时，该译本还附上作为中译本转译本的黎威·奥斯丁（Austin Lewis）的英文译本，以便读者参阅，进而"得以更容易地更明白地把握着原书的观念"[①]。青骊译本出版后，尽管仅仅印了约500本，但对北平的进步青年产生了深远影响，受该译本影响的很多进步青年后来绝大部分初步掌握了马克思主义基本知识，树立了共产主义信仰，提高了认识问题、分析问题的能力，在革命战争

---

① [德]恩格斯：《费尔巴哈论》，青骊译，社会主义研究社1932年版，"中译者序言"第1页。

岁月中为党和人民作出了各自的贡献。①

  站在新的时代背景下，重新诠释《费尔巴哈论》的逻辑理路及其理论创新，探讨《费尔巴哈论》的传播与理解史，特别是对《费尔巴哈论》在中国早期传播过程中的青骊译本进行考证与点校，对于凸显马克思主义哲学的理论实质，以及把握中国化马克思主义理论体系的发展历程，具有重要的理论和现实意义。

---

① 北京市党史资料编辑室：《故都从未停止战斗》，北京出版社1982年版，第69页。

《路德维希·费尔巴哈和德国古典哲学的终结》原版考释

一、写作及出版背景

"破"中有"立",历史唯物主义是在批判以往观念论哲学的过程中,把生产作为解读人类历史的起点,以及考察人类历史规律的逻辑起点,在"逻辑与历史相统一"的基础上,超越了德国观念论"逻辑在先"思维范式,进而不断地彰显出自身的思想力量①,形成能够真正改变世界的新哲学的。

作为历史唯物主义奠基之作的《德意志意识形态》在马克思和恩格斯生前一直没有出版,马克思和恩格斯尽管在该著作中通过批判青年黑格尔派,阐明了马克思主义哲学与德国观念论之间的对立,也对自身以往的信仰进行了清算,可以说达到了他们的主要目的。但是此后40年来,他们对自己与黑格尔之间的思想关系只是在个别地方作了说明,都没有能够作出系统的说明;对于自己与费尔巴哈之间的思想关系的回顾与探讨,更是付之阙如,而费尔巴哈哲学又构成黑格尔哲学与他们的观点之间的中间环节。特别是,由于马克思主义哲学始终彰显出实践性、革命性和科学性的思想力量,自创立之后,它不仅在德国和欧洲,而且在世界上都产生了广泛的影响,"在世界的一切文明语言中都找到了拥

---

① 李成旺:《对"逻辑在先"的批判与历史唯物主义视界的出场》,载《哲学动态》2017年第7期。

护者"①。同时,已经被马克思和恩格斯进行了彻底批判的德国古典哲学,在英国和斯堪的纳维亚各国有某种复活;而在德国,黑格尔去世后兴起的折中主义哲学已经失去人心,德国古典哲学又开始呈现复兴之势。

其结果是:在实践上,在马克思主义哲学在欧洲各国工人运动中的地位不断巩固的过程中,自19世纪80年代以来,欧洲也出现了资产阶级理论界通过复兴德国古典哲学来曲解乃至攻击马克思主义哲学的错误思潮②,这无疑对马克思主义哲学在欧洲各国工人运动中的发展和实践,产生了极大的冲击。同时,自19世纪40年代以来,以费尔巴哈人本主义哲学作为其理论基础的"真正的社会主义"思潮及其运动,崇尚爱的宗教和抽象人性,主张放弃为争取民主和自由而应开展的反对封建专制制度的现实社会斗争,这对独立的工人阶级运动的不断发展和成熟也始终构成极大的阻碍。现实社会背景需要恩格斯对此予以坚决的斗争。

在理论上,"各种资产阶级及小资产阶级的理论借助复活德国古典哲学(譬如英国的新黑格尔主义和德国的新康德主义),一方面来宣扬唯心主义历史观,并排挤马克思主义在理论界的影响,另一方面,通过编造马克思的辩证法是对黑格尔辩证法的抄袭的谎言,曲解马克思与黑格尔的关系,并以此来达到丑化马克思主义理论的目的"③,试图为德国古典哲学的复兴进行理论上的支撑,这种理论境遇更需要恩格斯阐明马克思主义哲学与德国古典哲学之间的关系,阐明黑格尔哲

---

① 《马克思恩格斯文集》第四卷,人民出版社2009年版,第265页。
② 唐正东:《马克思恩格斯哲学原著选读》,北京师范大学出版社2010年版,第275页。
③ 唐正东:《马克思恩格斯哲学原著选读》,北京师范大学出版社2010年版,第275—276页。

学的内在矛盾，以及马克思主义哲学何以批判地继承了黑格尔哲学。由于费尔巴哈哲学在近代德国追问自由与个性解放的过程中，对马克思和恩格斯的影响"比黑格尔以后任何其他哲学家都大"①，所以更需要恩格斯阐明为什么尽管费尔巴哈在自然观上确立了唯物主义原则，但在社会历史领域依然陷入观念论的窠臼，而只有马克思主义哲学以其革命性变革才真正超越了德国观念论，为实现人的自由发展提供了新的思考路径。

正是基于上述时代背景，恩格斯又应德国社会民主党《新时代》杂志编辑部的邀请，撰写一篇批评文章来评述施达克不久前于斯图加特出版的《路德维希·费尔巴哈》一书，这成为促使恩格斯撰写《费尔巴哈论》的直接原因。

卡尔·尼古拉·施达克（Carl Nikolaus Starcke），生于1858年，卒于1926年，丹麦资产阶级哲学家和社会学家，在其所著《路德维希·费尔巴哈》一书中，尽管也试图首先基于研究"费尔巴哈对思维和存在的关系这个基本问题"②来评述费尔巴哈哲学思想，但由于他对唯心主义和唯物主义都有着严重的误读，表现在他以折中乃至妥协的立场来看待"由于教士的多年诽谤而流传下来的对唯物主义这个名称的庸人偏见"③，不自觉也把唯物主义等同于"贪吃、酗酒、娱目、肉欲、虚荣、爱财、吝啬、贪婪、牟利、投机"④等一切追求各种粗俗物欲活动的龌

---

① 《马克思恩格斯文集》第四卷，人民出版社2009年版，第266页。
② 《马克思恩格斯文集》第四卷，人民出版社2009年版，第280页。
③ 《马克思恩格斯文集》第四卷，人民出版社2009年版，第286页。
④ 《马克思恩格斯文集》第四卷，人民出版社2009年版，第286页。

龌行为，而把唯心主义则理解为"对美德、普遍的人类爱的信仰"①，也即看成是对理想目的的追求，对社会理想——"美好世界"的信仰。

因此，一方面，施达克没有看到费尔巴哈是由于不了解社会实践与社会生活的实质才陷入唯心主义；另一方面，施达克认为"唯心主义仍旧是一切的基础、根基"②，说什么费尔巴哈因为推崇"同情、爱以及对真理和正义的热诚"③，因而可以提供理想的力量，进而推动人类的进步，因此才成为唯心主义者。尽管他谈到费尔巴哈时也指出了"关于社会的学说，即社会学，对他来说，是一个未知的领域"④，但同时又热烈赞美费尔巴哈所宣传的基本原则，即"对己以合理的自我节制，对人以爱（又是爱！）"⑤。因此，恩格斯认为施达克对费尔巴哈哲学的评述和解读，实际上存在着极大的谬误。

在对唯物主义和唯心主义进行误读之后，施达克在其《路德维希·费尔巴哈》一书导言中，以晦涩难懂的哲学语言阐述从康德以来的德国古典哲学家的见解，没有看到黑格尔哲学的辩证法"彻底否定了关于人的思维和行动的一切结果具有最终性质的看法"⑥，进而具有观察世界时所蕴含着的革命性维度，因而没有给予黑格尔哲学以哲学史上的应有地位。而施达克在叙述费尔巴哈哲学的"形而上学"本身的发展进程时"哲学用语堆砌得太多"，同时在整本书中没有保持哲学用语的一致性，"把

---

① 《马克思恩格斯文集》第四卷，人民出版社2009年版，第286页。
② 《马克思恩格斯文集》第四卷，人民出版社2009年版，第285页。
③ 《马克思恩格斯文集》第四卷，人民出版社2009年版，第285页。
④ 《马克思恩格斯文集》第四卷，人民出版社2009年版，第291页。
⑤ 《马克思恩格斯文集》第四卷，人民出版社2009年版，第292页。
⑥ 《马克思恩格斯文集》第四卷，人民出版社2009年版，第269页。

各种流派，特别是现在流行的自诩的哲学派别的用语混在一起"①，造成了极大的思想混乱。基于此，尽管施达克极力反对当时在德国自诩为哲学家的大学教师们对费尔巴哈的攻击，为费尔巴哈哲学所遭到的非难议论加以辩护，实际上却根本无法真正揭示德国古典哲学以及费尔巴哈哲学的实质及其局限，更不可能为工人阶级运动提供先进的思想指导。因此，恩格斯认为，对施达克的错误观点进行批评，对于更好地阐明马克思主义哲学与黑格尔哲学和费尔巴哈哲学之间的关系，正确宣传马克思主义哲学的精神实质，进而为工人阶级运动提供先进的思想指导，有着积极的理论和现实意义，是非常有必要的。

此外，恩格斯认识到，就在理论上批判资产阶级理论界对马克思主义哲学的曲解与攻击而言，他和马克思以往的思考成果都无法完全实现上述目的。因此，特别需要全面系统地梳理、阐述马克思主义哲学与德国古典哲学之间的关系。一方面，《德意志意识形态》手稿关于费尔巴哈的一章没有写完，已写好的部分仅仅是阐述唯物主义历史观的，而站在19世纪80年代的时代背景下，这手稿已经显示出当时马克思和恩格斯"在经济史方面的知识还多么不够"②，同时手稿中缺少对费尔巴哈学说本身的批判。而就《德意志意识形态》之前马克思和恩格斯所撰写的著作而言，除《〈黑格尔法哲学批判〉导言》《神圣家族》等出版之外，《黑格尔法哲学批判》《巴黎手稿》《关于费尔巴哈的提纲》等均未能出版，同时，上述这些马克思和恩格斯早期哲学更多地基于费尔巴哈人本主义

---

① 《马克思恩格斯文集》第四卷，人民出版社2009年版，第280—281页。
② 《马克思恩格斯文集》第四卷，人民出版社2009年版，第266页。

批判黑格尔国家学说或古典政治经济学，以及资本主义社会现实，而《神圣家族》则又专门批判以布·鲍威尔为代表的青年黑格尔派，因此实际上均未能对他们自身的哲学与德国古典哲学之间的关系进行全面、系统的阐述。另一方面，在《德意志意识形态》之后，马克思和恩格斯尽管已经辩证地对待黑格尔辩证法，但从来没有就他们与黑格尔哲学之间的关系进行专门论述，由于历史唯物主义已经彻底超越了费尔巴哈哲学，此后也没有运用费尔巴哈哲学方法论的理论需要，因而他们实际上也从来没有回顾过费尔巴哈，而"19世纪80年代中期由现实工人运动所提出的对费尔巴哈哲学进行科学批判的理论要求"[①]，则又迫切要求恩格斯揭示费尔巴哈哲学的理论实质及其局限。因此，在应邀评述施达克《路德维希·费尔巴哈》一书时，全面阐述马克思主义哲学与德国古典哲学之间的关系，彻底批判黑格尔哲学和费尔巴哈哲学的局限，进而彰显马克思主义哲学的科学性和革命性变革，无疑也就成为恩格斯撰写并出版《费尔巴哈论》的直接目的和要求。

《费尔巴哈论》青骊译本在第一章开头所增加的恩格斯的注释，也对此作了言简意赅的说明，有助于我们进一步了解《费尔巴哈论》的出版背景。在注释中恩格斯指出，"'费尔巴哈的特质'哲学博士斯达克（Starcke）著，一八八五年司徒嘉德（Stuttgart）恩克书局（Ferd Encke）出版。新时代杂志编辑部要求我批判斯达克这本书，我认为应该利用这个机会来概括地叙述德国由黑格尔到马克斯这一段思想上的进化。在这段进化

[①] 唐正东：《马克思恩格斯哲学原著选读》，北京师范大学出版社2010年版，第277页。

中，费尔巴哈是一个中间环"①。

二、各版本说明

《费尔巴哈论》写于1886年初，最初以评论文章形式刊登在德国社会民主党的理论杂志《新时代》1886年第4年卷第4期和第5期。1888年，经过恩格斯修订并加上单行本序言，并附上马克思的《关于费尔巴哈的提纲》，以单行本形式在斯图加特出版。

1. 关于该著的外文译本

1889年在圣彼得堡出版的杂志《北方通报》第3期和第4期刊登了恩格斯这部著作的俄译文，标题为"德国古典唯心主义哲学的危机"，但是没有注明作者，文章下面是译者格·弗·李沃维奇的署名：格·李·②；1890年，这部著作被翻译成波兰文③。

1892年，日内瓦劳动解放社全文发表了格·普列汉诺夫翻译的俄译文④，该译文成为后来俄译本参考的基础⑤。在俄译本修订版本方面，1948年，苏联国家政治书籍出版社出版了附有马克思的《关于费尔巴哈

---

① [德]恩格斯：《费尔巴哈论》，青骊译，社会主义研究社1932年版，第31页。
② 北京图书馆马列著作研究室：《马克思恩格斯著作中译文综录》，书目文献出版社1983年版，第250页。
③《马克思恩格斯文集》第四卷，人民出版社2009年版，第602—603页，注释168。
④《马克思恩格斯文集》第四卷，人民出版社2009年版，第602—603页，注释168。
⑤ 中共中央马克思恩格斯列宁斯大林著作编译局马恩室：《马克思恩格斯著作在中国的传播》，人民出版社1983年版，第195页。

的提纲》和恩格斯的著作《费尔巴哈和德国古典哲学的终结》的最准确译文,该版本是按马克思的两卷集第一卷中这本著作的文字刊印的,其中格·瓦·普列汉诺夫的译文根据原文重新校订和修改①。

1892年,葡萄牙文译本、保加利亚文译本问世②。

1894年,在巴黎出版的法国社会主义月刊《新纪元》第4期和第5期刊载了劳·拉法格翻译并经恩格斯审阅的法译文③。

1925年,《费尔巴哈论》日文版出版④。

在英译本出版方面,1903年刘易斯(Austin Lewis)翻译的《费尔巴哈:社会主义哲学的根源》在芝加哥出版⑤,并于1912年⑥、1916年⑦、1919年⑧再版。

杜德(C.P.Dutt)编辑的《路德维希·费尔巴哈和德国古典哲学的

---

① [苏联]列·阿·列文:《马克思恩格斯著作的发表和出版》,周维译,生活·读书·新知三联书店1976年版,第201页。
② 北京图书馆马列著作研究室:《马克思恩格斯著作中译文综录》,书目文献出版社1983年版,第250页。
③ 《马克思恩格斯文集》第四卷,人民出版社2009年版,第602—603页,注释168。
④ 韩立新:《"日本马克思主义":一个新的学术范畴》,载《学术月刊》2009年第9期。
⑤ Engels, Friedrich. Feuerbach: the Roots of the Socialist Philosophy. tran. by Austin Lewis. Chicago: Charles H. Kerr, 1903.
⑥ Engels, Friedrich. Feuerbach: the Roots of the Socialist Philosophy. tran. by Austin Lewis. Chicago: C.H. Kerr & Co, 1912.
⑦ Engels, Friedrich. Feuerbach: the Roots of the Socialist Philosophy. tran. by Austin Lewis. Chicago: C.H. Kerr & Co, 1916.
⑧ Engels, Friedrich. Feuerbach: the Roots of the Socialist Philosophy. translated with Critical Introd. by Austin Lewis. Chicago: C.H. Kerr, 1919.

终结》，于 1934 年在纽约出版①，于 1936 年在伦敦出版②，其中纽约版于 1935 年③、1941 年④和 1979 年再版。⑤

拉斯克（I.B.Lasker）编辑的《路德维希·费尔巴哈和德国古典哲学的终结》，于 1946 年在莫斯科出版⑥，于 1947 年在伦敦出版⑦。

莫斯科的进步出版社于 1950 年⑧、1969 年⑨、1973 年⑩、1978

---

① Engels, Friedrich. Ludwig Feuerbach and the Outcome of Classical German Philosophy. with an Appendix of Other Material of Marx and Engels Relating to Dialectical Materialism. edited by C.P. Dutt. New York: International Publishers, 1934.

② Engels, Fridrich. Ludwig Feuerbach and the Outcome of Classical German Philosophy. with an App. of Other Material of Marx and Engels Relating to Dialectical Materialism. [ed. by C.p. Dutt]. London, 1936.

③ Engels, Friedrich. Ludwig Feuerbach and the Outcome of Classical German Philosophy: with an Appendix of Other Material of Marx and Engels Relating to Dialectical Materialism. edited by C.P. Dutt. New York: International Publishers, 1935.

④ Engels, Friedrich. Ludwig Feuerbach and the Outcome of Classical German Philosophy. edited by C.P. Dutt. New York: International Publishers, 1979.

⑤ Engels, Friedrich. Ludwig Feuerbach and the Outcome of Classical German Philosophy. edited by C.P. Dutt. New York: International Publishers, 1941.

⑥ Engels, Frederich. Ludwig Feuerbach and the Outcome of Classical German Philosophy. edited by B Lasker. Moscow: Progress, 1946.

⑦ Engels, Frederich. Ludwig Feuerbach and the Outcome of Classical German Philosophy. edited by B Lasker. London: Lawrence and Wishart, 1947.

⑧ Engles, F. Ludwig Feuerbach and the End of Classical German Philosophy. with an Appendix: K. Marx "Theses on Feuerbach". Moscow: F.L.P.H, 1950.

⑨ Engels, Frederich. Ludwig Feuerbach and the End of Classical German Philosophy: with an Appendix: K. Marx "Theses on Feuerbach". Moscow: Progress, 1969.

⑩ Engels, F. Ludwig Feuerbach and the End of Classical German Philosophy. Moscow: Progress, 1973.

年①、1987年②多次出版《路德维希·费尔巴哈和德国古典哲学的终结》。

此外,《路德维希·费尔巴哈和德国古典哲学的终结》还被收入《马克思恩格斯全集》英文版(MECW)第二十六卷③。

该著作及其序言还收入在《马克思恩格斯全集》德文版第二十一卷第259—307页,俄文第1版第十四卷第633-678页,俄文第2版第二十一卷第269—317、370—371页,日文版第二十一卷第265—312页。④

在外文译本中,"目前最权威的译本是新版《马克思恩格斯全集》历史考证版,即MEGA²第一部分第三十卷和第三十一卷。其中,正文被收入MEGA²第一部分第三十卷,而恩格斯所写的'1888年单行本序言'被收入MEGA²第一部分第三十一卷"⑤。

2. 关于该著作中译本的出版情况

在第二次国内革命战争期间,尽管翻译和出版的条件极为困难,但

---

① Engels, Friedrich. Ludwig Feuerbach and the End of Classical German Philosophy : with an Appendix K. Marx ; Thesen on Feuerbach. Moscow: Progress, 1978.

② Engels. Ludwig Feuerbach and the End of Classical German Philosophy. Moscow: Progress, 1987.

③ 孙海洋:《〈路德维希·费尔巴哈和德国古典哲学的终结〉导读》,中共中央党校出版社2018年版,第12页。

④ 北京图书馆马列著作研究室:《马克思恩格斯著作中译文综录》,书目文献出版社1983年版,第253页。

⑤ 王代月、赵义良:《基于MEGA²视角的马克思主义经典著作导读》,社会科学文献出版社2020年版,第279页。

是在中国共产党的领导下，广大革命者和进步文化工作者就在上海翻译出版了该著作的中译本①，也即最早由林超真译成中文，发表收录在1929年10月上海沪滨书局出版的《宗教·哲学·社会主义》一书的中译本，书名为《费儿巴赫与德国古典哲学的末日》②。

1929年12月，上海南强书店出版了彭嘉生的中译本，该译本"是彭嘉生根据德文原文并参照英译本和日译本翻译"的，译名为《费尔巴哈论》③。

1930年4月，上海江南书店出版了向省吾翻译的恩格斯著《费尔巴哈与古典哲学底终末》④。

1932年5月，上海昆仑书店出版了杨东莼和宁敦伍合译的恩格斯《路德维希·费尔巴哈和德国古典哲学的终结》，当时为了对付国民党反动政府的检查，书店在出版时印制了两种本子，采用了不同封面，不同的书名。一种是灰色封面，书名是《机械论的唯物论批判》；一种是黄色封面，书名为《费尔巴哈论》⑤。

1932年11月，上海社会主义研究社出版了青骊翻译的恩格斯《路

---

① 中共中央马克思恩格斯列宁斯大林著作编译局马恩室：《马克思恩格斯著作在中国的传播》，人民出版社1983年版，第4页。

② 中共中央马克思恩格斯列宁斯大林著作编译局马恩室：《马克思恩格斯著作在中国的传播》，人民出版社1983年版，第375页。

③ 中共中央马克思恩格斯列宁斯大林著作编译局马恩室：《马克思恩格斯著作在中国的传播》，人民出版社1983年版，第275页。

④ 中共中央马克思恩格斯列宁斯大林著作编译局马恩室：《马克思恩格斯著作在中国的传播》，人民出版社1983年版，第379页。

⑤ 中共中央马克思恩格斯列宁斯大林著作编译局马恩室：《马克思恩格斯著作在中国的传播》，人民出版社1983年版，第290页。

德维希·费尔巴哈和德国古典哲学的终结》,书名为《费尔巴哈论》,该译本采取英汉对照,把译者转译的该著作英文版本附在书中,成为当时"英汉合璧的新译本"①。

1935年3月出版的《黑格尔哲学批判》(第172—189页)摘译了柳若水翻译的《路德维希·费尔巴哈和德国古典哲学的终结》第一节,篇名为《从黑格尔到费尔巴哈》②。

1937年6月出版的《读书偶译》(第205—206页)发表了韩奋摘译的《路德维希·费尔巴哈和德国古典哲学的终结》第四章的脚注,篇名为《恩格斯的自白》③。

1937年12月,上海生活书店出版了张仲实的中译本初版,书名《费尔巴哈论》,该译本于1938年2月在汉口再版。1949年9月,(北京)解放社重印该书,注明初版,书名为《费尔巴哈与德国古典哲学的终结》。1949年11月,解放社上海版、解放社大连版重印该书。1954年8月,(北京)人民出版社出版该书第二版。1957年10月,(北京)人民出版社出版该书第三版。1965年1月,(北京)人民出版社出版该书第四版④。1949年10月,上海文源出版社出版了曹真的中译本,书名《费儿

---

① [德]恩格斯:《费尔巴哈论》,青骊译,社会主义研究社1932年版。中共中央马克思恩格斯列宁斯大林著作编译局马恩室:《马克思恩格斯著作在中国的传播》,人民出版社1983年版,第290页。

② 北京图书馆马列著作研究室:《马克思恩格斯著作中译文综录》,书目文献出版社1983年版,第251页。

③ 北京图书馆马列著作研究室:《马克思恩格斯著作中译文综录》,书目文献出版社1983年版,第251页。

④ 北京图书馆马列著作研究室:《马克思恩格斯著作中译文综录》,书目文献出版社1983年版,第251—252页。

巴赫》①。

周建人摘译《路德维希·费尔巴哈和德国古典哲学的终结》第二章前半部分和第四章前半部分，载《新哲学手册》第6—19页，篇名为《鲁德维息·费尔巴哈》，著者译为"恩格尔斯"②。

1955年，《马克思恩格斯文选》第二卷（第357—400页）刊登了集体翻译、唯真校订的《费尔巴哈与德国古典哲学的终结》，并附有序言③。

1965年9月，《马克思恩格斯全集》第二十一卷（第301—353、411—412页），出版了《费尔巴哈和德国古典哲学的终结》一文及其《序言》④。

1972年4月，人民出版社出版了中央编译局翻译的《路德维希·费尔巴哈和德国古典哲学的终结》。

1983年，顾锦屏回顾了《费尔巴哈论》的译校工作历程，谈道："《费尔巴哈和德国古典哲学的终结》在二十年代末三十年代初就有几种译文，但这些译本早已绝版，解放后很难找到。最流行的是张仲实同志的译本和编入苏联出版的《马克思恩格斯文选》（两卷集）中的译文。这两个

---

① 中共中央马克思恩格斯列宁斯大林著作编译局马恩室：《马克思恩格斯著作在中国的传播》，人民出版社1983年版，第405页。
② 北京图书馆马列著作研究室：《马克思恩格斯著作中译文综录》，书目文献出版社1983年版，第252页。
③ 北京图书馆马列著作研究室：《马克思恩格斯著作中译文综录》，书目文献出版社1983年版，第252页。
④ 北京图书馆马列著作研究室：《马克思恩格斯著作中译文综录》，书目文献出版社1983年版，第253页。

译本都是根据俄文翻译的。1963年,我们以张仲实同志的译文为基础,根据德文重新译校了这部著作。这部著作先发表在1965年出版的《马克思恩格斯全集》第21卷。后来多次出版了单行本。1977年中央党校为选编学员用的教材,请我局重新校订这部著作。马恩室哲学组同志又根据德文重校了一遍。最后,我们同党校德文翻译组同志一起逐句逐段进行了讨论。这个新的校订本收入党校编的《马列著作毛泽东著作选读》,作为内部教材试用。"[1]

到了20世纪70年代,成仿吾重新翻译了《费尔巴哈论》,将书名译为《路德维希·费尔巴哈和德国古典哲学的结局》[2],"1978年11月中国人民大学作为校内用书出版过……《路德维希·费尔巴哈与德国古典哲学的终结》……署名为成仿吾小组校译"[3]。1977年夏,贺麟参加了中央编译局和中央党校举办的关于恩格斯的《路德维希·费尔巴哈和德国古典哲学的终结》一书某些疑难段落的翻译的商榷讨论,认为书名中的Ausgang一词应翻译为"出发"或"出路"比较合适,因为"恩格斯书中似乎没有说费尔巴哈结束或终结了德国古典哲学,其中Ausgang一词不是'终结'的意思"[4]。

同时,我国在1953年成立民族出版社基础上,经中共中央批准,

---

[1] 中共中央马克思恩格斯列宁斯大林著作编译局马恩室:《马克思恩格斯著作在中国的传播》,人民出版社1983年版,第193页。

[2] 中共中央马克思恩格斯列宁斯大林著作编译局马恩室:《马克思恩格斯著作在中国的传播》,人民出版社1983年版,第123页。

[3] 王东等:《马列著作在中国出版简史》,福建人民出版社2009年版,第143页。

[4] 中共中央马克思恩格斯列宁斯大林著作编译局马恩室:《马克思恩格斯著作在中国的传播》,人民出版社1983年版,第176页。

1975年着手筹建中央民族语文翻译局，自1976年开始用蒙古文、藏文、维吾尔文、哈萨克文、朝鲜文等少数民族文字翻译马列主义经典著作。《费尔巴哈论》也自20世纪70年代以来陆续被翻译成上述少数民族文字。①

三、内容简介

《费尔巴哈论》共由"1888年单行本序言"、四章正文与结语构成。

"1888年单行本序言"主要介绍了该书写作的时代背景和具体缘由。

第一章述评了黑格尔哲学，主要分析了黑格尔唯心主义辩证法的合理内核。

1. 指出黑格尔哲学的两面性及其合理内核。一方面，黑格尔哲学具有唯心和保守的性质，作为普鲁士王国的官方哲学，反映出德国小资产阶级的软弱性与妥协性；另一方面，黑格尔哲学蕴藏着丰富而深刻的辩证法思想，作为法国大革命时代的德国理论回声，反映出德国小资产阶级的革命性与进步性。因此，正像18世纪的法国一样，19世纪的德国"哲学革命也作了政治变革的前导"。黑格尔哲学体系晦涩枯燥的语句中蕴含着辩证革命性，对于这一点，在1833年除诗人海涅等极少人之外，无论是政府还是自由派知识分子，都未能看到。

恩格斯借用黑格尔《法哲学原理》中"凡是现实的都是合乎理性的，

---

① 中共中央马克思恩格斯列宁斯大林著作编译局马恩室：《马克思恩格斯著作在中国的传播》，人民出版社1983年版，第233—234页。

凡是合乎理性的都是现实的"①这一典型命题,来说明黑格尔辩证法的革命性、合理内核。从字面含义看,这一命题似乎表明它在为专制制度进行辩护,但深入分析黑格尔哲学中的"现实"(actuality)一词,却会发现其蕴涵着很强的辩证意味和革命性。在黑格尔哲学中,现实是一个发展的概念,是指符合事物发展趋势、反映事物本质、能够实现可能性与现实性的真正统一的属性,"现实性在其展开过程中表明为必然性"。即是说,"现实"不同于实际现存的事物,现存事物如果不符合事物发展趋势,不符合事物本质,反而不具有现实性,就会丧失自己存在的必然性、合理性。于是,"凡是现实的都是合乎理性的这个命题,就变为另一个命题:凡是现存的,都一定要灭亡"②。

因此,黑格尔哲学这一典型命题实际上彰显了一种具有革命性质的发展的辩证法,他把真理性认识及实践行动等都视为一个发展过程,一个只能无限趋近而不可最终达到的过程。这一思维方法在历史研究领域中的体现,就是揭示出了认识与历史"永远不会在人类的一种完美的理想状态中最终结束;完美的社会、完美的'国家'是只有在幻想中才能存在的东西;相反,一切依次更替的历史状态都只是人类社会由低级到高级的无穷发展进程中的暂时阶段"③。恩格斯指出,尽管黑格尔哲学也体现出某种保守倾向,但总体而言,其辩证性、革命性是绝对的。

---

① 《马克思恩格斯文集》第四卷,人民出版社 2009 年版,第 268 页。黑格尔原话是"凡是合乎理性的东西都是现实的,凡是现实的东西都是合乎理性的"。[德]黑格尔:《法哲学原理》,范扬、张企泰译,商务印书馆 1961 年版,第 11 页。
② 《马克思恩格斯文集》第四卷,人民出版社 2009 年版,第 269 页。
③ 《马克思恩格斯文集》第四卷,人民出版社 2009 年版,第 270 页。

同时，恩格斯揭示了黑格尔哲学中存在着体系和方法之间的内在矛盾。恩格斯指出，黑格尔并没有明确作出关于人类认识、人类社会历史的发展永无止境的结论，相反却把自己的哲学视为无所不包的绝对真理，把理想中的普鲁士君主国视为人类社会发展的顶峰，暴露出黑格尔哲学体系与方法之间的内在矛盾。

实际上，黑格尔唯心主义哲学体系内部必然会出现这一矛盾，因为"按照传统的要求，哲学体系是一定要以某种绝对真理来完成的"①。在黑格尔哲学体系中，一切为了形式、绝对精神发展的第一需要，已把世界所有质料纳入精神发展之旅，彻底把精神绝对化了。其结果便是"黑格尔体系的全部教条内容就被宣布为绝对真理，这同他那消除一切教条东西的辩证方法是矛盾的；这样一来，革命的方面就被过分茂密的保守的方面所窒息"②。也就是说，由于黑格尔哲学不能以唯物史观的方法解读人类社会发展，尽管其哲学体系具有辩证的革命性质，但其方法和体系之间的矛盾导致其哲学最终必然具有保守性，无法真正解决现实社会矛盾。可见，作为19世纪德国人的黑格尔与歌德，虽然他们在各自领域中都是奥林匹斯山上的宙斯，但是他们并没有完全摆脱德国庸人的习气，终将"拖着一根庸人的辫子"。

2. 阐释了黑格尔哲学体系的划时代作用、分裂及费尔巴哈哲学的产生。恩格斯指出，黑格尔哲学起到了划时代的作用，因为它"包括了以前任何体系所不可比拟的广大领域"并且"在这一领域中阐发了现在还

---

① 《马克思恩格斯文集》第四卷，人民出版社2009年版，第271页。
② 《马克思恩格斯文集》第四卷，人民出版社2009年版，第271页。

令人惊奇的丰富思想"。在黑格尔哲学这个百科全书式的哲学大厦中，涉及精神现象学、逻辑学、自然哲学、精神哲学等多个领域，精神哲学又分成各个历史部门，黑格尔哲学试图把思维和现实统一起来，揭示世界各个领域中的发展规律，这个庞大的哲学体系中所蕴藏着的珍宝"就是在今天也还保持着充分的价值"①。黑格尔哲学体系在当时的德国产生了日甚一日的影响，直到黑格尔去世也没有停止其理论进军的步伐，直至1840年"黑格尔主义"取得思想独占的统治地位，但是，从此也就开始了其哲学体系的分裂瓦解过程。

面对当时德国的落后状况，注重黑格尔哲学中的辩证方法的青年黑格尔派首先从宗教领域开始，通过反对基督教而拉开与现存的国家作斗争的序幕。由于青年黑格尔派所进行的斗争始终"都没有离开过哲学的基地"，所以，无论是施特劳斯以福音神话起源说反对基督教，还是布·鲍威尔以自我意识的革命来反对基督教，其论证的焦点实则转变为"在世界历史中起决定作用的力量是'实体'呢，还是'自我意识'"②，最终施蒂纳以非宗教、非道德、非国家、非社会的纯粹的"我"——"唯一者"，宣布了黑格尔哲学的彻底解体。

在黑格尔哲学的彻底解体过程中，反对现实宗教的实践斗争呼唤唯物主义哲学的兴起，更是与黑格尔学派发生了冲突。因为，唯物主义"把自然界看做唯一现实的东西"，但在黑格尔哲学中，自然界是派生的，只是绝对观念回到自身过程中所"外化"出来的一个环节，青年黑格尔

---

① 《马克思恩格斯文集》第四卷，人民出版社2009年版，第272页。
② 《马克思恩格斯文集》第四卷，人民出版社2009年版，第274页。

派也不同程度地处于上述矛盾之中。尤其是费尔巴哈不是像施特劳斯或布·鲍威尔等人那样在黑格尔哲学体系内部进行相互论战，而是从黑格尔哲学外部打破了这一体系，以《基督教的本质》一书使唯物主义重新登上王座，更是对马克思和恩格斯思想转变产生了重要的影响。

恩格斯还指出，费尔巴哈打破了黑格尔的体系，使唯物主义占据了统治地位，但黑格尔哲学并没有被批判地克服，没有被制服。因为费尔巴哈仅仅把黑格尔哲学简单地抛在一边，而不是用真正的科学理论扬弃它，这就无法实现时代的要求，即"批判地消灭它的形式，但是要救出通过这个形式获得的新内容"①，而现实的革命实践必然会将费尔巴哈哲学彻底抛弃。

第二章阐明了哲学基本问题，通过批驳施达克对费尔巴哈的误读，全面评析了费尔巴哈的唯物主义哲学。

恩格斯深入揭示了哲学基本问题，驳斥了不可知论，指出费尔巴哈哲学虽然认识到黑格尔哲学"逻辑在先"思维的局限，但并没有把唯物主义贯彻到底，而是把唯物主义及其在 18 世纪的特殊表现混为一谈了，18 世纪的唯物主义则存在机械性、非历史性的局限，施达克对费尔巴哈哲学也存在着重大误读。

1. 指出各种哲学学派理论上的差异，根本上取决于对哲学基本问题的回答。但是，施达克不理解唯物主义和唯心主义的精神，对费尔巴哈哲学的解读存在误区。同时，旧唯物主义哲学存在着诸多悖谬之处。

恩格斯首先揭示了哲学基本问题及其在近代的表现。指出"全部哲

---

① 《马克思恩格斯文集》第四卷，人民出版社 2009 年版，第 276 页。

学，特别是近代哲学的重大的基本问题，是思维和存在的关系问题"①。哲学基本问题包含两方面的内容。一方面，依照对哲学基本问题的回答，哲学家们形成了两大阵营，即唯心主义阵营和唯物主义阵营。凡是认为自然界是本原的，属于唯物主义的各种学说；凡是认为精神对自然界说来是本原的，则组成唯心主义阵营。因此，唯物主义和唯心主义这两个用语的含义，仅仅是在回应精神或自然界何者为本原的意义上被加以界定，而不能被附加其他含义。

另一个方面，就是思维和存在的同一性问题，即思维能否认识现实世界、能否正确地反映现实。对此，有些哲学家作出了肯定回答，有些哲学作出了否定回答，由此划分出可知论与不可知论两大哲学流派。在哲学史上，包括黑格尔在内的大多数哲学家对此作了肯定的回答，认为我们的思维能够认识现实世界。只不过，黑格尔虽然认为思维可以认识现实世界，但在他看来，现实世界只是绝对观念实现自身的一个环节，而绝对观念是本来就存在的，因此，对外部世界的认识实际上体现为对"这个世界的思想内容"②的认识，思维所认识的实际上是"思想内容的内容"，可见，黑格尔要证明的东西已经包含在前提里面了。还有一些哲学家认为思维不能认识或不能彻底认识世界，在哲学史上产生重要作用的休谟和康德哲学，就是这一观点的鲜明代表。休谟认为形成知识的工具来源于人们的心理学联想。康德认为，人们只能认识经验现象，对于"自在之物"则不可认识。恩格斯认为，对于不可知论"最令人信

---

① 《马克思恩格斯文集》第四卷，人民出版社 2009 年版，第 277 页。
② 《马克思恩格斯文集》第四卷，人民出版社 2009 年版，第 278 页。

服的驳斥是实践，即实验和工业"①。因此，在理论和实践上都已经驳倒康德哲学和休谟哲学的背景下，试图复活德国古典哲学和休谟怀疑论，就是在科学上开历史倒车，在实践上对唯物主义采取暧昧态度。

2. 指出推动哲学进步的力量来自"自然科学和工业的强大而日益迅猛的进步"，而不是纯粹的思想力量。因此，在现实实践面前，观念论也越来越加进了唯物主义的内容，比如泛神论就是调和精神和物质之间的对立的一种新形态。而黑格尔哲学体系归根到底"只是一种就方法和内容来说唯心主义地倒置过来的唯物主义"②。通过对哲学基本问题的阐述，恩格斯指出尽管施达克也是从哲学基本问题出发，在论述德国古典哲学的发展历程基础上重点对费尔巴哈加以评述，但是，由于施达克没有真正理解哲学基本问题，因此只是形式主义地拘泥于黑格尔著作中的个别词句而贬低了黑格尔，对费尔巴哈哲学发展历程的评述实际上存在诸多混乱。

恩格斯认为，费尔巴哈哲学的发展进程，是从黑格尔主义者走向唯物主义的发展进程。费尔巴哈意识到黑格尔哲学从"逻辑范畴的预先存在"出发去理解世界，不过是对造物主的信仰的虚幻残余。但是，费尔巴哈没有把这一自然观上的唯物主义贯彻到底，仅仅认为"唯物主义是人的本质和人类知识的大厦的基础"③，而不是大厦本身，这种理解实际上仅仅是唯物主义在 18 世纪的特殊表现形态。费尔巴哈哲学的错误还在于，把唯物主义等同于"它的一种肤浅的、庸俗化了的形式"，看不到唯物

---

① 《马克思恩格斯文集》第四卷，人民出版社 2009 年版，第 279 页。
② 《马克思恩格斯文集》第四卷，人民出版社 2009 年版，第 280 页。
③ 《马克思恩格斯文集》第四卷，人民出版社 2009 年版，第 281 页。

主义也随着自然科学领域的每一个划时代的发现,也在不断改变自己的形式,经历了一个不断发展的过程,进而孕育着历史唯物主义的诞生。

3. 揭示了18世纪机械唯物主义的局限性。恩格斯指出,由于受到经典力学思维方式的制约,18世纪的唯物主义主要呈现机械唯物主义的特点,存在着如下两个局限:其一,"仅仅运用力学的尺度来衡量化学性质的和有机性质的过程";其二,"不能把世界理解为一种过程,理解为一种处在不断的历史发展中的物质"。① 因此,辩证法的缺失成为此一时期唯物主义的主要特征。由于自然科学本身发展水平的局限,不用说康德太阳系起源理论尚不被人理解,甚至连黑格尔在对自然现象加以解读时,都没有从生成视域解读自然界的产生过程。18世纪机械唯物主义对自然的非辩证理解、非历史理解,也造成对历史的非辩证、非历史理解。如对于中世纪的历史,如果采取非历史的观点去加以考察,也会把中世纪理解为历史的简单中断,认为"历史至多不过是一部供哲学家使用的例证和图解的汇集罢了",实际上无法解释真正的历史规律。

4. 分析了费尔巴哈陷入唯心史观的根源以及施达克在此问题上的误读。恩格斯指出,费尔巴哈当时看到了19世纪自然科学的三大发现,但因为他远离学术中心,并没有对此予以充分关注和借鉴;费尔巴哈的唯物主义只停留在自然界,没有把唯物主义贯彻到对人类社会发展规律的探讨之中,不能用唯物主义原则研究人类社会历史;费尔巴哈晚年自我封闭在落后的乡村,思想严重脱离社会政治实践活动,无法形成唯物主义的历史科学。这些才是费尔巴哈在历史观上陷入唯心主义的深层次根源。

---

① 《马克思恩格斯文集》第四卷,人民出版社2009年版,第282页。

但是，施达克划分唯物主义与唯心主义的标准是错误的，他在指出费尔巴哈是一个唯心主义者时，没有能够揭示上述根源，而是对唯物主义和唯心主义均作出了错误的解读，认为"把对理想目的的追求"叫做唯心主义，它是一切的基础和根基，而费尔巴哈正是因为"相信人类的进步"，追求"理想的意图"，推崇"爱的宗教"，所以才是一个唯心主义者。这样一来，任何人只要发育正常，都有外部世界在人脑中的反映，形成感觉、思想、动机、意志等"理想的意图"，并且以这种形态变成"理想的力量"，显然就都成为唯心主义者了，就不会存在唯物主义者了。

法国唯物主义者和自然神论者，都持有如此强烈的信念。因此，施达克指认他们也是唯心主义者。基于此，对施达克而言，关于唯物主义与唯心主义的对立就没有任何意义了，换言之，施达克根本不了解唯物主义和唯心主义的真正含义。由于施达克对唯物主义作了庸俗化的解读，因此，他对费尔巴哈的评述，注定是非常肤浅的；施达克对唯心主义作出了错误的解读，他对费尔巴哈历史观上何以陷入唯心主义的评述，注定错误重重。可见，即使施达克反对当时德国观念论者对费尔巴哈的攻击，试图保护费尔巴哈，尽管对复兴德国古典哲学的这些人而言，也是一个警示，但其结果注定是徒劳无益的。

第三章阐述了费尔巴哈宗教哲学和伦理学中的唯心主义，批判了费尔巴哈的唯心史观。

1. 指出了费尔巴哈在宗教哲学与历史观上的唯心主义实质。恩格斯认为，费尔巴哈是一个唯心主义者，并不是因为施达克所说的费尔巴哈有着对"美好世界"的信仰，而是因为其不了解社会的本质，无法找到实现人的理想的现实道路。这在其宗教哲学和伦理学中，鲜明地表现出来。

费尔巴哈是通过批判黑格尔哲学和基督教来试图恢复唯物主义传统的。但是，他不了解宗教产生的社会根源，而只是从人的自然属性的视角去揭示宗教产生的根源。他认为人的本性就体现为自然存在和自然属性，人的自然存在就决定其本性必然表现为自然属性意义上的男女之情欲、意志、理性、情感等，换言之，人作为现实的感性存在，是自然的一部分，因此人的本质和本性就体现为理性、意志和情感，即人的抽象片面的类本质。恩格斯指出，"按照费尔巴哈的看法，宗教是人与人之间的感情的关系、心灵的关系"①。在费尔巴哈看来，上帝是人的本质异化的结果，"上帝的人格性，本身不外乎就是人之被异化了的、被对象化了的人格性"②。正是世俗中的人才是宗教信仰和崇拜的对象——神的创造者，而不是相反，神的神性就是人的人性自我异化的结果，而这一人的本质的异化的结果，就是现实中的不自由的深层根源。

　　因此，在费尔巴哈看来，要实现人的自由，就必须扬弃基督教。但是，费尔巴哈认为人的本质体现在人的自然属性上，其着眼点停留在人与人之间的自然关系，特别是两性之间的关系，指出"人的最内秘的本质不表现在'我思故我在'的命题中，而表现在'我欲故我在'的命题中"③，认为把人与人之间的、符合人性的本来的情感彰显出来，在此基础上形成新的宗教——爱的宗教，以爱的宗教来取代基督教神学就可以达到化

---

① 《马克思恩格斯文集》第四卷，人民出版社 2009 年版，第 287 页。
② [德] 路德维希·费尔巴哈：《费尔巴哈哲学著作选集》下卷，荣震华、王太庆、刘磊译，商务印书馆 1984 年版，第 267 页。
③ [德] 路德维希·费尔巴哈：《费尔巴哈哲学著作选集》上卷，荣震华、李金山等译，商务印书馆 1984 年版，第 591 页。

解现实社会矛盾的目的。可见，费尔巴哈并不反对宗教，只是以爱的宗教反对基督教。

恩格斯指出，"人与人之间的，特别是两性之间的感情关系，是自从有人类以来就存在的"①。但是宗教的产生只是特定历史时期的产物，宗教可能随时消失，宗教的影响也将迅速降低，而"爱情和友谊的实践并不会发生丝毫变化"，因此，费尔巴哈宗教哲学是站不住脚的。费尔巴哈陷入唯心主义的原因，实际上在于他没有从人与人之间的社会关系状况去看待"人们彼此间以相互倾慕为基础的关系"；他虽然重视人与人之间的联系，但是无法真正揭示这种联系，反而再次试图"把这些关系看做新的、真正的宗教"②。实际上，宗教与唯物主义是不能相容的。费尔巴哈从人的自然属性出发，试图以唯物主义自然观为基础建立博爱的新宗教，进而以宗教的变革作为划分历史时期的标准，陷入了唯心主义的谬误之中。

但是，宗教对人类历史转折所产生的影响并非永恒现象，历史发展也并不根源于宗教的变迁。如果把人类阶级斗争的历史理解为教会史的附属品，则无助于人们对历史规律的把握，因此，不仅德国历史编纂学无法揭示历史真相，费尔巴哈哲学更是不值得一读了。

2. 批判揭示了费尔巴哈基于抽象人性的道德观。费尔巴哈所谈的人是抽象的人，并不是现实的人，由此所建构的道德观也是抽象的、非历史的。在揭示人与人之间的关系时，费尔巴哈只看到了道德关系。

---

① 《马克思恩格斯文集》第四卷，人民出版社 2009 年版，第 287 页。
② 《马克思恩格斯文集》第四卷，人民出版社 2009 年版，第 288 页。

他从人的自然属性出发，由于他看不到人生活于其中的真实世界，因此，他所理解的人"始终是在宗教哲学中出现的那种抽象的人"①，从形式上看他是实在论的，但从内容上讲反而更为抽象了。因此，费尔巴哈尽管也看到了不同的人有不同的想法，个人道德状况来自现实生活状况，也很重视人与人的交往，甚至认为"政治应当成为我们的宗教"，但实际上由于他对人的理解基于抽象宗教视域，因此并不了解道德现象和道德实质。比如，黑格尔已经认识到，恶在历史发展过程中起着推动作用，是绝对精神实现自身的必要环节，而费尔巴哈却看不到恶在历史发展中的作用。

费尔巴哈从人的自然属性去解读道德，其伦理学是其宗教哲学的延续。在他看来，宗教来自于人的自然本性，道德同样反映着人的自然本性。人的本性就体现为人有利己的需要，追求幸福的欲望，"道德必须基于利己主义，必须基于自爱，必须基于幸福欲，舍此以外道德便毫无根据可言了"②。为了避免出现相互之间的冲突，费尔巴哈确立的道德原则是合理的利己主义，而费尔巴哈对于如何满足合理的利己的社会状况，则没有展开论述。

可以看到，费尔巴哈的伦理学是极其贫乏、肤浅和空泛的，因为每一个人对于幸福欲望具有平等的权利，这仅仅是一个预设而已，人类历史实际发展过程中，则从来不存在这样的状况，即使资产阶级革命废除

---

① 《马克思恩格斯文集》第四卷，人民出版社2009年版，第290页。

② [德] 路德维希·费尔巴哈：《费尔巴哈哲学著作选集》下卷，荣震华、王太庆、刘磊译，商务印书馆1984年版，第802页。

了个人特权，在制度上确立了平等的理念，但实际上这种平等也仅限于口头上而已。更为荒谬的是，按照费尔巴哈的道德哲学，"证券交易所就是最高的道德殿堂，只要人们的投机始终都是得当的"，"每个人都靠别人来满足自己追求幸福的欲望"。[1]可见，在充满着阶级对立的社会中，费尔巴哈通过爱的宗教来化解人与人之间的对立，导致其哲学中"最后一点革命性也消失了"[2]，其哲学与康德哲学一样是软弱无力的。人类社会发展历程表明，道德是生产关系状况的反映，不同的阶级有不同的道德，现实中的合理利己之爱是不存在的，存在的只是"战争、争吵、诉讼、家庭纠纷、离婚以及一些人对另一些人的尽可能的剥削"[3]。

费尔巴哈从自然界和人出发，形成了抽象的宗教观和道德观，当然不能找到通向理想生活世界的道路。恩格斯认为，要找到人的自由真正实现的科学路径，就必须超越费尔巴哈哲学，历史唯物主义就是超出并进一步发展费尔巴哈哲学的新哲学。

第四章论述了马克思主义哲学产生的必然性及其引发的哲学变革。

在本章中，恩格斯主要阐述了马克思主义哲学的直接理论来源、自然科学基础，系统论述了辩证唯物主义、历史唯物主义的基本原理，评价了马克思主义哲学在哲学史上的伟大变革。

1. 揭示了费尔巴哈的唯物主义与黑格尔的辩证法是马克思主义哲学的直接理论来源。这主要体现在马克思主义哲学批判继承了费尔巴哈唯

---

[1]《马克思恩格斯文集》第四卷，人民出版社2009年版，第293页。
[2]《马克思恩格斯文集》第四卷，人民出版社2009年版，第294页。
[3]《马克思恩格斯文集》第四卷，人民出版社2009年版，第294页。

物主义的"基本内核"、黑格尔辩证法的"合理内核"。恩格斯认为，青年黑格尔派没有离开哲学的基地，依然是在黑格尔哲学体系内部兜圈子，其中唯有费尔巴哈所做的对于黑格尔哲学的批判工作，尚具有重要的意义，在自然观上恢复了唯物主义传统，但他在历史观上也依然陷入了唯心主义。进一步说，费尔巴哈的唯物主义只"停留在半路上，他下半截是唯物主义者，上半截是唯心主义者"，依然没有能够批判地超越黑格尔哲学，只不过是"简单地把黑格尔当作无用的东西抛在一边"。在黑格尔学派解体过程中，唯有马克思主义哲学才实现了真正的哲学变革，成为真正改变世界的哲学。

马克思主义哲学之所以批判地超越黑格尔哲学体系，在于它把唯物主义彻底运用到了包括自然和历史在内的一切研究领域之中，真正坚持了唯物主义。其特征在于，抛弃以先入为主的怪想来面对并理解现实世界，彰显出现实事实本真的联系及其实质。在此过程中，马克思主义哲学继承了黑格尔辩证法，又以唯物主义原则将黑格尔概念辩证法加以颠倒，使得辩证法"就归结为关于外部世界和人类思维的运动的一般规律的科学"[1]。在黑格尔哲学那里，现实自然界和人类历史的辩证发展过程，都被看做由概念自身的运动所主宰，这种概念自身的运动是从来就有的，这显然颠倒了思维和存在之间的真实关系。马克思主义哲学对黑格尔辩证法的批判性改造，使得"概念的辩证法本身就变成只是现实世界的辩证运动的自觉的反映"[2]，真正恢复了黑格尔辩证法中的革命性方面。

---

[1]《马克思恩格斯文集》第四卷，人民出版社2009年版，第298页。
[2]《马克思恩格斯文集》第四卷，人民出版社2009年版，第298页。

因此，恩格斯认为，经过马克思主义哲学对黑格尔辩证法的批判性改造，人们认识到，任何事物都处在生成和灭亡的不断变化中的这一伟大思想，也就是作为辩证法的灵魂的思想，就不仅仅是口头上的事情，而是需要被运用于每一个研究领域。因此，按照唯物辩证法，不存在永恒真理，任何知识都必然具有局限性，不存在旧形而上学所提出的"真理和谬误、善和恶、同一和差别、必然和偶然之间"等不可克服的对立，这一对立实际上仅仅具有相对的意义。

2. 揭示了马克思主义哲学产生的自然科学基础。指出形而上学的产生来自于自然科学本身的局限，唯物辩证法的产生则伴随着自然科学的巨大进步。当自然科学从"搜集材料"发展到"整理材料"的阶段时，"关于过程、关于这些事物的发生和发展以及关于联系"①的科学，也即把这些自然过程结合为一个大的整体的科学，自然科学所迈出的这一决定性的一步，才促使哲学上的形而上学思维方法趋向消亡。特别是19世纪自然科学三大发现——细胞学说、能量守恒与转化定律、达尔文的进化论，使人们对自然界中各个领域内事物发展的过程性特征及过程之间的相互联系，进而对自然界中各个领域之间的联系有了更为清晰的认识。而以往的自然哲学则只能"用观念的、幻想的联系来代替尚未知道的现实的联系，用想象来补充缺少的事实，用纯粹的臆想来填补现实的空白"②。因此，当人们已经对自然研究的结果采取辩证的方法加以考察，也即从自然研究结果的联系中加以考察，从而形成唯物辩证法的时候，

---

① 《马克思恩格斯文集》第四卷，人民出版社2009年版，第299页。
② 《马克思恩格斯文集》第四卷，人民出版社2009年版，第300—301页。

唯心主义和形而上学的丧钟就敲响了。

3. 阐发了辩证唯物主义、历史唯物主义基本原理及其变革的意义。把自然界看成历史发展过程的唯物辩证法，同样适用于探讨人类社会历史领域的规律。这种思维方法就是实现了对以往历史哲学的超越的历史唯物主义。辩证唯物的历史观通过发现社会历史发展中的现实联系，来考察人类社会发展的客观运动规律。尽管社会发展史和自然发展史都具有客观规律性，但它们之间存在着差异。恩格斯指出，自然界中存在的是无意识的盲目的动力之间发生相互作用，任何事情无论以外表上看得出的无数表面的偶然性呈现出来，还是以在最终结果中有可以证实的偶然性内部的规律性呈现出来，其发生都不存在预期的自觉的目的。但是，"在社会历史领域内进行活动的，是具有意识的、经过思虑或凭激情行动的、追求某种目的的人；任何事情的发生都不是没有自觉的意图、没有预期的目的的"①。尽管"历史事件似乎总的说来同样是由偶然性支配着的"，但实际上，"在表面上是偶然性在起作用的地方，这种偶然性始终是受内部的隐蔽着的规律支配的"②，历史唯物主义就是要发现这些规律。

进而，恩格斯指出历史唯物主义科学地揭示了历史人物精神动力背后的物质原因。指出正因为社会历史过程有无数追求自己的目的的人参与创造，因此历史就表现为"这许多按不同方向活动的愿望及其对外部

---

① 《马克思恩格斯文集》第四卷，人民出版社 2009 年版，第 302 页。
② 《马克思恩格斯文集》第四卷，人民出版社 2009 年版，第 302 页。

世界的各种各样作用的合力"①。历史地看，许多单个人的愿望往往无法取得预期结果，因而这些动机对历史进程只具有从属的意义，那么，这些愿望背后的动因是什么？在每一个人的动机背后还有什么样的动力？其历史原因是什么？对于这些问题，旧唯物主义坚持实用主义，仅仅按照历史人物的行动的动机来判断一切，仅仅从精神的动机去考察历史，从而在历史领域内背叛了自己。以黑格尔哲学为代表的历史哲学从精神动机的背后去探索更为重要的决定历史事变的原因，却跑到历史本身之外去寻找动力源泉，把现实历史的发展颠倒为"绝对概念"自身自我实现的过程。而新的历史观，则要探讨历史人物动机背后的真正动因，通过探讨人民群众行动起来的动因，找到引起重大历史变迁的行动背后的物质动因。

恩格斯阐述了阶级斗争是阶级社会发展的直接动力，生产方式的变化是社会变革的决定性力量。通过对英、法两国阶级斗争与历史发展关系的考察，恩格斯指出阶级斗争是现代社会历史发展的动力。阶级的起源和发展是由于纯粹的经济原因，历史的直接动力在于阶级斗争，但是阶级斗争的根源在哪里？恩格斯说："资产阶级和无产阶级这两个阶级是由于经济关系发生变化，确切些说，是由于生产方式发生变化而产生的。"②随着生产力的不断发展，工场手工业取代了行会手工业，随后使用蒸汽和机器的大工业又取代了工场手工业，生产方式的这种变化使得无产阶级和资产阶级随之发展起来。由此，资产阶级推动的新的生产

---

① 《马克思恩格斯文集》第四卷，人民出版社 2009 年版，第 302 页。
② 《马克思恩格斯文集》第四卷，人民出版社 2009 年版，第 305 页。

力以及通过生产力发展起来的交换条件和交换需要"同封建社会制度的行会特权以及许多其他的个人特权和地方特权"发生了冲突,"资产阶级所代表的生产力起来反抗封建土地占有者和行会师傅所代表的生产秩序"①,由此资产阶级革命随之爆发。现在,大工业的不断发展也受到了资本主义生产方式的束缚,两者之间发生了冲突,"一方面使全体广大人民群众越来越无产阶级化,另一方面生产出越来越多的没有销路的产品。生产过剩和大众的贫困,两者互为因果,这就是大工业所陷入的荒谬的矛盾"②。而要化解这一矛盾进而促进生产力继续发展,就必须通过改变生产方式也即社会主义革命来完成。

恩格斯还阐述了经济基础决定上层建筑的基本理论。恩格斯认为,"国家、政治制度是从属的东西,而市民社会、经济关系的领域是决定性的因素。……国家的意志总的说来是由市民社会的不断变化的需要,是由某个阶级的优势地位,归根到底,是由生产力和交换关系的发展决定的"③。国家反映了占统治地位的阶级的经济需要,公法和私法也取决于经济关系状况。撇开表面现象,一定要认识到,政治斗争与其经济基础有着密切的联系,实际上是争取所有权的斗争。同时也要认识到,表面上独立存在与发展的意识形态也是经济基础的反映;哲学和宗教作为更加远离物质经济基础的意识形态,它们自身的发展依然是现实经济关系发展的反映。

---

① 《马克思恩格斯文集》第四卷,人民出版社 2009 年版,第 305 页。
② 《马克思恩格斯文集》第四卷,人民出版社 2009 年版,第 305—306 页。
③ 《马克思恩格斯文集》第四卷,人民出版社 2009 年版,第 306 页。

恩格斯最后简要阐明了唯物史观的哲学变革意义。他指出，辩证唯物主义的自然观终结了形而上学自然观在自然界的统治地位，唯物史观的创立把唯心主义从人类社会历史这最后一个避难所驱逐了出去，从而使哲学发生了革命性的变革。

在结语部分，恩格斯分析了1848年革命后的德国理论发展状况，指出作为官方的德国理论已经无法适应时代发展的需要了，因为时代毕竟"已经是在资产阶级和现存国家同工人阶级公开对抗的时代"。代表工人阶级利益和愿望的新历史科学变成为时代的需要，这一理论是在工人运动中产生的，是在超越德国古典哲学的过程中产生的真正具有革命性的理论。因此，"德国的工人运动是德国古典哲学的继承者"[①]。

[①]《马克思恩格斯文集》第四卷，人民出版社2009年版，第313页。

《路德维希·费尔巴哈和德国古典哲学的终结》青骊译本考释

一、译介背景

1932年11月25日,作为北平社会科学研究会发起人和组织者之一的裴丽生翻译的《费尔巴哈论》一书,由社会主义研究社出版,译者署名青骊(即裴丽生),面向全国销售。此时的北平属于国民党统治区,革命文化运动受到国民党的严格管控,为了消除中国共产党在全国的影响力,蒋介石"在对中央苏区进行残酷的军事'围剿'的同时,在国民党统治区对革命文化也进行了野蛮的'围剿'"①。因此,马克思和恩格斯的著作在国民党统治区的出版和传播受到了极大的限制,青骊所译《费尔巴哈论》等著作在当时被列为违禁书籍②。如前所述,以杨东莼和宁敦伍翻译的《费尔巴哈论》为例,"为了对付检查,书店在出版时印制了两种本子采用不同封面,不同的书名。一种是灰色封面,书名是《机械论的唯物论批判》,一种是黄色封面,书名为《费

---

① 中共中央马克思恩格斯列宁斯大林著作编译局马恩室:《马克思恩格斯著作在中国的传播》,人民出版社1983年版,第288页。

② "在1936年国民党中央宣传部印发的《中央取缔社会科学反动书刊一览》,查禁六百七十六种社会科学书刊中,开列自1929至1935年中以'共产党刊'为罪名而被查禁和查扣的就有近五百种,其中包括马克思和恩格斯著作:《共产党宣言》《费尔巴哈论》《反杜林论》《政治经济学批判》《自然辩证法》《科学的社会主义》,列宁的《战斗唯物论》《叛徒考茨基》等以及有关马克思、恩格斯、列宁的生平事业的书籍数十种。" 中共中央马克思恩格斯列宁斯大林著作编译局马恩室:《马克思恩格斯著作在中国的传播》,人民出版社1983年版,第288—289页。

尔巴哈论》"①。因此，参与《费尔巴哈论》青骊译本分发工作的王达成，在多年以后还记得当时为了运送书籍，躲避警察检查的情形，"因为我所联系的革命青年早已盼望着这本书，所以我一下子拿了一百多本。又怕半路被警察查出，就和赵宗复一人雇了一辆人力车，我们坐在车上，将一大摞书放在脚头，若无其事地将书运到公寓，然后分给要书的人"②。所以，国民党统治区的白色恐怖是《费尔巴哈论》青骊译本译介的第一个重要背景。

面对国民党统治区的白色恐怖，北平地区的进步青年并没有退缩，革命书籍和革命社团不减反增。青骊（裴丽生）在回忆这一时期的这种反常现象时作出了他的解释，指出"1931年，日寇发动'九一八'事变，国难日深，民情愤怒，青年们更是热血沸腾，所以北平的进步社团如雨后春笋，革命文化活动很活跃。北平的东安市场、前门大街以及各个书摊，摆满了各种进步小说、社会科学书籍，如《铁流》、《母亲》、《屠场》等等，书商大发其财，军警接受书商贿赂后也不深究，客观上为革命造了舆论"③。面对积贫积弱的中国现状，进步的北平青年迫切希望找到实现国家富强的方法，因此，一方面，进步青年对进步书籍的巨大需求使书商愿意铤而走险，贩卖革命书籍；另一方面，为了更好更多地

---

① 中共中央马克思恩格斯列宁斯大林著作编译局马恩室：《马克思恩格斯著作在中国的传播》，人民出版社1983年版，第290页；同样的内容可以参看徐素华：《马克思恩格斯著作在中国的传播：MEGA² 视野下的文本、文献、语义学研究》，中国社会科学出版社2013年版，第63页；宗占林：《马克思恩格斯哲学基本思想探讨与解析》，黑龙江大学出版社2010年版，第31—32页。
② 北京市党史资料编辑室：《故都从未停止战斗》，北京出版社1982年版，第68页。
③ 裴丽生：《裴丽生文集》，科学普及出版社2009年版，第333页；韩钟昆：《裴丽生传》，北岳文艺出版社2000年版，第7—8页。

获取革命书籍，他们自发地组织起来进行革命书籍的翻译，社会主义研究社就是这种倾向的产物。社会主义研究社以翻译"马克斯恩格斯蒲列罕诺夫列宁……等人"①的书籍为己任，因为社会主义研究社认识到他们的著作揭示了"新的社会的骨格以及创造它的步骤"②，认为青年人"如果不肯甘心做着旧势力下的遗老遗少，那么就应该擎起革命的旗帜去推翻旧的阶级的行将死灭的社会组织，来创造新的充满力的全人类的康庄大道"③，但是，"二十世纪已不再是那斩木揭竿的时代；没有正确的理论，绝不会有有效的行动，而且坚决的行动也只有透澈的理论才能产生出来"④，而社会主义理论就是"透澈的理论"，所以，社会主义研究社"翻译的对象是：理论的，分析事实的，行动策略的以及批评他人的……等等社会主义的名著"⑤。在此背景下，进步青年为了实现国家富强，渴求先进理论的指导，因而自觉地组织翻译社会主义理论，这是青骊译介《费尔巴哈论》的第二个重要背景。

在《费尔巴哈论》青骊译本之前，国内已经出版了多个不同的译本，但是青骊依然坚持继续翻译《费尔巴哈论》。这一方面可能是因为在国民党统治区，《费尔巴哈论》被视为违禁书籍，进步青年不容易买到，所以只有通过自己重新翻译印刷才能使进步青年得到这类革命书籍。这从王达成回忆当时分发书籍的情况可以看出，王达成将青

---

① [德]恩格斯：《费尔巴哈论》，青骊译，社会主义研究社1932年版，"社会主义名著译丛总序"第2页。
② [德]恩格斯：《费尔巴哈论》，青骊译，社会主义研究社1932年版，"社会主义名著译丛总序"第2页。
③ [德]恩格斯：《费尔巴哈论》，青骊译，社会主义研究社1932年版，"社会主义名著译丛总序"第1页。
④ [德]恩格斯：《费尔巴哈论》，青骊译，社会主义研究社1932年版，"社会主义名著译丛总序"第1页。
⑤ [德]恩格斯：《费尔巴哈论》，青骊译，社会主义研究社1932年版，"社会主义名著译丛总序"第2页。

骊翻译的《费尔巴哈论》带回公寓以后,"一百多本很快销售一空","因为……革命青年早已盼望着这本书"①;另一方面则是因为已经出版的社会主义著作在翻译方面存在问题,"错译与硬译者实不在少数"②。具体到《费尔巴哈论》,青骊认为,"这本书在中国已有三种译本③:一是彭嘉生的'费尔巴哈论';二是杨东莼宁敦伍合译的'机械论的唯物论批判'的前半部;三是林超真译的'宗教哲学社会主义'的哲学部分。这三种译本,前二者的文句,多不可解;且译者对于原书生字的意义,似未曾精确审查,如将'afterbirth'(胎衣)译作'后生',将'period'(绮丽之文)译作时期,就是最显明的例证。林超真本,清切明了,是其所长;惟有遗漏段节及意义与原意相反之处"④。鉴于上述译本存在这样或那样的不足,译者青骊决定重新翻译此书。所以,为了弥补之前译本存在的不足,使读者"得以更容易地更明白地把握原书的观念"⑤,既是译者重译的目的,也是《费尔巴哈论》青骊译本译介的第三个重要背景。

《费尔巴哈论》青骊译本的出版是20世纪30年代北平进步青年为了实现国家富强、自觉追求革命理论的产物。与《费尔巴哈论》其他译

---

① 北京市党史资料编辑室:《故都从未停止战斗》,北京出版社1982年版,第68页。
② [德]恩格斯:《费尔巴哈论》,青骊译,社会主义研究社1932年版,"社会主义名著译丛总序"第2页。
③ 在《费尔巴哈论》青骊译本之前,其实已经有四种译本,除了青骊提到的三种译本,还有向省吾的译本,"向省吾本的译名是《费尔巴哈与古典哲学的终末》,1930年4月由上海江南书店出版。这个译本的文本依据是德文版的《马克思主义文库》第三卷,同时参照了日文本"。参看徐素华:《马克思恩格斯著作在中国的传播:MEGA² 视野下的文本、文献、语义学研究》,中国社会科学出版社2013年版,第63页。
④ [德]恩格斯:《费尔巴哈论》,青骊译,社会主义研究社1932年版,"中译者序言"第1页。
⑤ [德]恩格斯:《费尔巴哈论》,青骊译,社会主义研究社1932年版,"中译者序言"第1页。

本相比，该译本的影响范围可能不如同时期其他译本的影响范围广①，但这并不影响它在近代中国革命过程中所作出的重要贡献，因为受该译本影响的进步青年后来大多为党和人民做出了自己的贡献②。

二、译者介绍

青骊，本名裴丽生，"青骊"为裴丽生在翻译《费尔巴哈论》时所使用的笔名③。裴丽生（1906—2000），山西垣曲人，学名裴毓华④，早

---

① 从王达成的回忆来看，《费尔巴哈论》青骊译本在当时"印了约五百本"，而王达成一个人就带走了一百多本，分发给了北平志成中学的同学等进步青年（北京市党史资料编辑室：《故都从未停止战斗》，北京出版社1982年版，第65—69页），而《费尔巴哈论》青骊译本在此之后并未再版，因此可以推断《费尔巴哈论》青骊译本的影响范围可能主要限于当时的北平地区。另外，裴丽生在其回忆性文章《毕生为之奋斗的事业——我的回忆》中提到"解放以后，全国总工会主席赖若愚同志把他当时购买到的一本"《费尔巴哈论》青骊译本送给他，"留作纪念"（裴丽生：《裴丽生文集》，科学普及出版社2009年版，第334页），而查看赖若愚的年谱可以看到1932年他是在北平工作，可能在此时他购得了《费尔巴哈论》青骊译本（中共山西省委党史办公室：《赖若愚纪念文集》下，中共党史出版社2012年版，第886页）。这是在目前文献资料中可以查到的除了北平志成中学的同学之外另一个有《费尔巴哈论》青骊译本的人，而他很有可能也是在北平购得此书。由此可见，《费尔巴哈论》青骊译本的影响范围很可能主要限于当时的北平地区。
② 北京市党史资料编辑室：《故都从未停止战斗》，北京出版社1982年版，第69页。
③ 裴丽生：《裴丽生文集》，科学普及出版社2009年版，第12页，页下注；也可以参看李正文写的回忆文章《回忆我在北平社联的日子》，里面提到"1932年冬，裴丽生用笔名'青骊'翻译并出版了恩格斯的《费尔巴哈论》"（裴丽生：《裴丽生文集》，科学普及出版社2009年版，第399页）；韩钟昆：《裴丽生传》，北岳文艺出版社2000年版，第8—9页。
④ 韩钟昆：《裴丽生传》，北岳文艺出版社2000年版，第4页；裴丽生：《裴丽生文集》，科学普及出版社2009年版，第V页和第427页。

年曾用笔名青骊①、裴孝明②、新铁③和尹台④发表译作和刊物文章,介绍马克思主义理论,因此被人称为"马克思主义哲学早期研究者"⑤。

1933年裴丽生在清华大学毕业时留影

裴丽生的父亲早年是乡村教师,后来担任垣曲县教育科长,因此裴丽生从小受到了很好的教育,18岁时考入太原进山中学,"这个学校在当时的太原,是教学质量比较高的,思想也比较活跃"⑥,裴丽生在此就读期间,"四处搜罗进步书籍,阅读了《响导》、《新青年》,阅读了瞿秋白的社会科学讲义,阅读了蒋光慈的《少年漂泊者》,阅读了孙中山的三民主义和黄埔军校的许多小册子"⑦,开始被社会主义、共产主义及三民主义学说所吸引,"1927年2月,在北伐高潮中,参加了国民党,7月又参加了共产党"⑧,后来由于白色恐怖波及太原,太原共产党的党

---

① 用笔名"青骊"在北平社联时期发表译作《费尔巴哈论》和《马克思著作精要》。参看韩钟昆:《裴丽生传》,北岳文艺出版社2000年版,第8—9页。
② 用笔名"裴孝明"在天津的《中国新报》上发表刊物文章。参看裴丽生:《裴丽生文集》,科学普及出版社2009年版,第334页。
③ 用笔名"新铁"在《垣民之友》上发表文章《〈垣民之友〉一年来的奋斗史》。参看裴丽生:《裴丽生文集》,科学普及出版社2009年版,第428页。
④ 用笔名"尹台"在山西省牺牲救国同盟会时期于刊物《最后生路社》上发表文章介绍国际形势。参看裴丽生:《裴丽生文集》,科学普及出版社2009年版,第336—337页。
⑤ 史光荣:《马克思主义哲学早期研究者裴丽生》,载《文史月刊》2018年第7期。
⑥ 裴丽生:《裴丽生文集》,科学普及出版社2009年版,第333页;韩钟昆编著:《裴丽生传》,北岳文艺出版社2000年版,第3页。
⑦ 韩钟昆:《裴丽生传》,北岳文艺出版社2000年版,第5页。
⑧ 裴丽生:《裴丽生文集》,科学普及出版社2009年版,第333页;韩钟昆编著:《裴丽生传》,北岳文艺出版社2000年版,第5页。

组织大部分被破坏，裴丽生的党组织关系也因此中断①。在进山中学初中毕业后，由于家境困难，裴丽生随父亲的至交安恭已到河北邢台，在县衙担任收发，在此期间，他接触到了底层老百姓的疾苦，并积极帮助当地的老百姓，后来他回忆说，"那时，老百姓告状是极难的，要花许多钱。我免费给他们投递状纸，寄以同情，群众很高兴"②。在邢台待了三个月后，裴丽生又重回太原，进入进山中学学习高中课程，在1929年高中毕业前夕，安恭已见其"学业优秀，可以造就"③，答应给他以资助，鼓励其报考大学，于是裴丽生"便报考北大、北师大、清华，被北师大、清华所录取"④。

1929年秋，23岁的裴丽生进入清华大学经济系学习，"于课业之余，大量阅读了社会科学书籍，对社会发展史、政治经济学、辩证唯物论、历史唯物论以及社会主义、共产主义学说有了比较系统的认识"⑤。1931年，在九一八事变后，裴丽生"与宋劭文、刘岱峰、李一清、辛安亭等发起、组织了一个社会科学研究会，直接参与翻译、介绍马克思主

---

① 裴丽生逝世后，《人民日报》在2000年3月29日第一版对他的介绍中称他于"1933年加入中国共产党"，可能是因为无法确认其在1927年的党组织关系，所以以1933年第二次入党的时间作为他最终的入党时间。在裴丽生自己的回忆文章及部分悼念他的文章中都提到了他在1927年入党，然后与党组织失去联系的事情。参看韩钟昆：《裴丽生传》，北岳文艺出版社2000年版，第5页；裴丽生：《裴丽生文集》，科学普及出版社2009年版，第V页和第333—334页。

② 裴丽生：《裴丽生文集》，科学普及出版社2009年版，第333页；韩钟昆编著：《裴丽生传》，北岳文艺出版社2000年版，第6页。

③ 裴丽生：《裴丽生文集》，科学普及出版社2009年版，第333页。

④ 裴丽生：《裴丽生文集》，科学普及出版社2009年版，第333页；韩钟昆编著：《裴丽生传》，北岳文艺出版社2000年版，第6页。

⑤ 韩钟昆：《裴丽生传》，北岳文艺出版社2000年版，第7页；史光荣：《马克思主义哲学早期研究者裴丽生》，载《文史月刊》2018年第7期。

义著作的活动"①，但是由于北平当时属于国民党统治区，白色恐怖依然十分严重，无法公开进行革命活动，"为了遮掩敌人耳目，常利用读书会这种形式团结进步青年，进行活动"②，《费尔巴哈论》青骊译本就是这个时期活动的产物。

社会科学研究会成立之后，裴丽生的主要工作是向进步青年宣传马克思主义，一方面，他亲自到北平的志成高中向进步青年宣讲马克思主义，指导他们通过阅读革命著作坚定共产主义人生观，"裴丽生同志经常指导我们小组学习。他考虑到我们小组中大多数人虽然对旧社会不满，想改造社会，而且都拥护中国共产党，拥护红军，向往苏联，但仍然缺乏坚定的共产主义人生观，因而他让我们先共同学习《社会科学概论》这本书，另外有少数同志自修《反杜林论》和《共产主义ABC》等等"③；另一方面，他组织并亲自翻译革命书籍，"我们小组计划出版两本书：一本是《费尔巴哈论》，是由裴丽生（署名丽青）译的。这本书后来成功地出版了。印了约五百本……第二本书《列宁主义的理论和实践》(《列宁主义基础》中的一部分)，是斯大林著的，由任家骧负责翻译，因为白色恐怖十分严重，后来未能出版"④。裴丽生在社会科学研究会的工作使马克思主义对当时北平的进步青年产生了深刻的影响，王达成后来回忆到，"回想这一段活动的收获是不小的。所有参加学习小组的人都初步地掌握了一些马列主义的基础知识，对辩证唯物论、唯物史观、政

---

① 韩钟昆：《裴丽生传》，北岳文艺出版社2000年版，第8页。
② 北京市党史资料编辑室：《故都从未停止战斗》，北京出版社1982年版，第66页。
③ 北京市党史资料编辑室：《故都从未停止战斗》，北京出版社1982年版，第67页。
④ 北京市党史资料编辑室：《故都从未停止战斗》，北京出版社1982年版，第68页。

治经济学等理论有了一些初步的认识,这对于树立共产主义人生观起了决定性的作用。同时也帮助每个人提高了认识问题、分析问题的能力。我们这个小组的同志,除李德民很早就背叛了革命以外,其他的人都在后来的革命战争岁月中,为党为人民做出了自己的贡献,有的已经光荣牺牲了"①。

1932年,裴丽生在"中学同学、北平社联负责人宋劭文同志介绍下,参加了北平社联"②。北平社联是中国社会科学家联盟北平分盟的简称,在《中国社会科学联盟北平分盟组织大纲》中规定"本分盟受本盟北方部书记局的领导,但在该局未成立之前,暂受上海总盟直接领导"③,但是,"在实际上,北平社联和中国社联没有直接的隶属关系。北平社联直接受中共北平市委的领导"④。裴丽生回忆自己参加北平社联的"第一次活动是在宣武门口的一个小楼上……主要议题是加强革命书籍的出版和革命理论的宣传工作"⑤。这次活动结束后,由于清华大学与燕京大学邻近,由裴丽生负责燕京大学的革命理论宣传活动,他经常到"燕京大学学生宿舍,给他们介绍国内政治形势,同他们一起探讨救亡主张,还讲过马克思的《资本论》和陈豹隐著的《资本主义经济》。《北平晨报》专门为这次活动发过新闻"⑥。1933年4月,"经宋劭文和北平地下党

---

① 北京市党史资料编辑室:《故都从未停止战斗》,北京出版社1982年版,第68—69页。
② 裴丽生:《裴丽生文集》,科学普及出版社2009年版,第333页。
③ 裴丽生:《裴丽生文集》,科学普及出版社2009年版,第395页。
④ 裴丽生:《裴丽生文集》,科学普及出版社2009年版,第395页。
⑤ 裴丽生:《裴丽生文集》,科学普及出版社2009年版,第333—334页。
⑥ 韩钟昆:《裴丽生传》,北岳文艺出版社2000年版,第9页;史光荣:《马克思主义哲学早期研究者裴丽生》,载《文史月刊》2018年第7期。

西郊支部姓陈的同志介绍，北平社联党组重新接纳裴丽生加入中国共产党"①。

1933年5月，裴丽生从清华大学毕业，在北平中华中学当公民课教员，他以公民课的名义宣传马克思主义的社会科学，与周佛海编的公民课教材《三民主义理论基础》相比，他的授课内容让学生感觉很新鲜，因此学生都愿意听他讲课②。1934年1月到1935年5月，裴丽生往返于天津和北平之间，开启了以社会刊物为载体宣传马克思主义的生涯，他先后在北平的《世界日报》和天津的《中国新报》以及秘密刊物《在马列主义的旗帜下》和《垣民之友》上发表"宣传抗日、民主、反帝、反封建"以及"介绍国内时事，世界知识，马列主义理论"的文章③。由于裴丽生"在北平的活动，已经引起敌人的注意，他不宜再公开活动了……于1935年5月末离开北京"④，到山西运城菁华中学任教。在菁华中学任教期间，裴丽生利用周会和他自己创办的刊物《学生周刊》"宣传新思潮，对学生进行启蒙教育"⑤。1936年，山西进步青年倡议在太原成立山西省牺牲救国同盟会，简称"牺盟总会"，宋劭文邀请裴丽生北上太原共同筹办牺盟总会的成立事宜；9月18日，牺盟总会于"九一八"纪念日正式成立，裴丽生担任宣传部副部长。牺盟总会成立后，创办《牺盟救国报》，介绍国际形势，宣传抗日救国，同时"还组织了抗日戏曲宣传运动"，

---

① 韩钟昆：《裴丽生传》，北岳文艺出版社2000年版，第10页；史光荣：《马克思主义哲学早期研究者裴丽生》，载《文史月刊》2018年第7期。
② 裴丽生：《裴丽生文集》，科学普及出版社2009年版，第334页。
③ 裴丽生：《裴丽生文集》，科学普及出版社2009年版，第334—335页。
④ 裴丽生：《裴丽生文集》，科学普及出版社2009年版，第335页。
⑤ 裴丽生：《裴丽生文集》，科学普及出版社2009年版，第336页。

在太原艺人过祖师爷纪念日时,"组织学生去祝贺,艺人们感到政治地位提高了……到处唱抗日戏,说抗日书……艺人们觉得他们解放了,革命了,情绪特别高涨"①。在此后不久,牺盟总会又创办了牺盟村政协助员训练班、山西军政训练班和山西民政干部训练团,这些组织的"学员毕业后,成为决死队的指导员和政治委员"②。

1937 年卢沟桥事变后,裴丽生深入灵石、洪洞、霍县、赵城、临汾等县,作为山西第六专署河东办事处主任,开创抗日游击区,担任河东抗日总队长。"1941 年 2 月,裴丽生调任第三专署副专员,全力配合专员主抓经济工作"③,裴丽生的主要工作开始从宣传工作转向经济工作,由于他"在清华大学专攻经济,研究哲学,有很好的理论功底和文化素养,他将现代经济学知识与太岳根据地的市场现状结合起来,起草文件政策,向各县的干部作通俗易懂的讲解"④。在解放战争中,他在部队中主要担任后勤工作,通过现代经济学的知识合理分配战略资源,"尽可能避免浪费和损耗民力"⑤。太原战役结束后,裴丽生担任太原市首任市长,组织灾民救济和经济恢复工作,"1952 年 4 月,裴丽生当选省人民政府主席、兼省财政经济委员会主任,同时当选省政协主席,1955 年 2 月,又当选省长"⑥。

1956 年,党为了加强对科学院工作的领导,从地方选拔干部,陈毅

---

① 裴丽生:《裴丽生文集》,科学普及出版社 2009 年版,第 337 页。
② 裴丽生:《裴丽生文集》,科学普及出版社 2009 年版,第 337 页。
③ 史光荣:《马克思主义哲学早期研究者裴丽生》,载《文史月刊》2018 年第 7 期。
④ 史光荣:《马克思主义哲学早期研究者裴丽生》,载《文史月刊》2018 年第 7 期。
⑤ 史光荣:《马克思主义哲学早期研究者裴丽生》,载《文史月刊》2018 年第 7 期。
⑥ 史光荣:《马克思主义哲学早期研究者裴丽生》,载《文史月刊》2018 年第 7 期。

推荐张劲夫、安子文推荐裴丽生到科学院任职①，裴丽生的工作开始由经济方面转向组织科研方面。在科学院期间，他和张劲夫共同组织"制订12年科学远景规划，改善科学领导方法"②，"两弹一星"等一系列重要的科研成功都是在他们两人主政科学院期间完成的。之所以能够取得如此巨大的成就，一方面依赖于科研工作人员的艰苦付出，另一方面也依赖于裴丽生和张劲夫的科学领导。1956年中国科学院酝酿增聘学部委员，哲学社会科学学部将刘导生、张劲夫、裴丽生3人作为增聘人员列入名单，其中刘导生是科学院学部副主任，张劲夫是科学院党组书记、副院长，裴丽生是科学院党组副书记、秘书长。科学院党组召集会议"对哲学社会科学部呈报的增聘名单进行了大幅度删减，从最终呈报的12名减少到3名，他们认为张劲夫、裴丽生、刘导生是党员行政干部，若入选则有悖于增选原则"③。最终入选科学院学部委员的名单中没有一名专职行政干部，正是这种尊重科学、尊重人才的领导方式使我国的科研工作硕果累累。周光召为《裴丽生文集》写的序言中称"他在中科院工作的10年，是中科院迅速发展的时期"④。"文化大革命"结束后，裴丽生到中国科学技术协会主持工作，负责组织我国科协的恢复工作。1983年11月，裴丽生退居二线，主要从事老区脱贫工作。

2000年3月18日，裴丽生于北京逝世。

---

① 裴丽生：《裴丽生文集》，科学普及出版社2009年版，第346页。
② 裴丽生：《裴丽生文集》，科学普及出版社2009年版，第411页。
③ 史光荣：《马克思主义哲学早期研究者裴丽生》，载《文史月刊》2018年第7期。
④ 裴丽生：《裴丽生文集》，科学普及出版社2009年版，"序"，第1页。

三、编译及出版情况

《费尔巴哈论》青骊译本封面印有"英汉合璧"四字,表明该书除了中文译文之外,在书后还附有英译本原文,以便读者"在与英文参阅时,得以更容易地更明白地把握着原书的观念"①,当然,这也源自社会主义研究社的出版原则即"为方便于读者起见,在可能的范围内,对于重要文献都附印英文"②。除此之外,封面上还印有"费尔巴哈论""FEUERBACH"和"社会主义研究社印行1932",书的扉页印有"青骊译",书的版权页除了原著者、英译者、中译者和出版者的信息外,还标明该书的代售处为各省各大书坊、定价为每册大洋九角以及出版时间为1932年11月25日。

《费尔巴哈论》青骊译本是从黎威·奥斯丁(Austin Lewis)的英文译本转译过来的,裴丽生在翻译过程中,"为易于明了起见,于译文中添加新标题"③。通览全书,可以发现译者增加的标题分为两类,一类是按照原书的四个部分增加的标题,将原书的四个部分分别概括为"一 从黑格尔到费尔巴哈""二 观念论与唯物论(或唯物论者的费尔巴哈)""三 费尔巴哈的宗教哲学及伦理学(或观念论者的费尔巴哈)"和"四 辩证法的唯物论与唯物史观";另一类是译者根据自己的理解又将原书四个部分中的每一部分均细分为若干部分,增添译者本人概括

---

① [德]恩格斯:《费尔巴哈论》,青骊译,社会主义研究社1932年版,"中译者序言"第1页。
② [德]恩格斯:《费尔巴哈论》,青骊译,社会主义研究社1932年版,"社会主义名著译丛总序"第2页。
③ [德]恩格斯:《费尔巴哈论》,青骊译,社会主义研究社1932年版,"中译者序言"第1页。

的标题,在书中以方框标出,从而达到引导读者阅读的目的。该译本由"中译者序言""英译者导言""著者序言""费尔巴哈论"和"附录:费尔巴哈论纲——马克斯"等五部分构成,其中"中译者序言"是译者对翻译《费尔巴哈论》的原因的交代和对"英译者导言"中"对于经济决定主义的批评"的批判①,"英译者导言"是黎威·奥斯丁在翻译时对《费尔巴哈论》的内容所作的解读,"著者序言"为恩格斯本人在发行《费尔巴哈论》单行本时所写的序言,"附录:费尔巴哈论纲——马克斯"为发行《费尔巴哈论》单行本时恩格斯在正文后加的附录。

对比版权页的出版时间1932年11月25日和"中译者序言"的落款时间1932年11月20日,可以发现二者之间的间隔只有5天,也就是说该书从完成"中译者序言"到印刷出版不超过5天,可见当时社会科学研究会成员的效率之高。需要特别指出的是,社会科学研究会的成员在当时大多数为在校的学生,译者裴丽生在翻译此书时是清华大学在校学生,社会科学研究会的主要负责人宋劭文当时为北京大学在读学生,组织分发书籍的王达成则是北平志成中学高中部的在读学生②,如果没有真诚渴望与探求真理、秉持马克思主义可以使中国走向富强的坚定信念,这些在校学生便不可能如此高效地投入到《费尔巴哈论》的翻译和出版之中。

---

① 译者认为黎威·奥斯丁的导言中存在两处错误:"第一,他把真实的经济生活及真实的人抽象化了。第二,他只把经济生活看作社会组织中的一种原素,是和其他的各种原素有同等作用的原素,并不是决定其他一切原素的'经济基础'。"[德]恩格斯:《费尔巴哈论》,青骊译,社会主义研究社1932年版,"中译者序言"第3页。

② 北京市党史资料编辑室:《故都从未停止战斗》,北京出版社1982年版,第65—69页。

《费尔巴哈论》青骊译本是北平进步青年自发自觉地翻译学习马克思主义的成果。以青骊译本中提到的其他三个中译本为例，林超真译本《费尔巴哈论》由上海沪滨书局出版发行，而林超真（原名郑超麟）在翻译《费尔巴哈论》之前就已经是党内负责宣传工作的主要领导，后专职从事翻译工作；彭嘉生译本《费尔巴哈论》由上海南强书店出版发行，彭嘉生（原名彭康）于1924年入日本京都帝国大学哲学系学习哲学，在翻译《费尔巴哈论》之前已经是创造社的理事会理事和党组成员；杨东莼、宁敦伍译本《费尔巴哈论》由上海昆仑书店出版发行，杨东莼在翻译《费尔巴哈论》之前曾参与组织北京大学马克思学说研究会，并担任过湖南省总工会宣传部长兼工人日报社社长。与上述译本的译者和出版机构相比，青骊译本《费尔巴哈论》在出版时，译者还是在校大学生，而出版机构也是青年学生自己组建的，"为解决印书的经费问题，宋劭文从家中取回200元钱，结果只出版了裴丽生的《费尔巴哈论》，钱就花光了，其余书籍都无力正式出版"[1]。因此，青骊译本《费尔巴哈论》在1932年由社会主义研究社出版之后，始终没有再版。

---

[1] 中共太原市委党史研究室：《太原党史资料汇编》第三辑，1991年版，第162页。

《路德维希·费尔巴哈和德国古典哲学的终结》青骊译本译文解析

《费尔巴哈论》青骊译本出版于20世纪30年代初，尽管此时文言文已经被废除，但当时的著作在文体上难免带有文言文向白话文转变时期的特点，从青骊译本的语言风格来看，书中有的句子用文言文表述，尽管言简意赅，但与白话文交织在一起，就使得现在的读者从整体上阅读全书，仍需要一个适应的过程。

在中国，德国古典哲学是在20世纪初被翻译、介绍与评述的，此时学界对包括黑格尔哲学在内的德国古典哲学的理解有着时代烙印。比如，对一些关键术语和概念，翻译上未能达成共识，理解上又往往停留于其字面含义，因此，在理解马克思主义哲学与德国古典哲学的关系时，也难免存在这样那样的局限，使得《费尔巴哈论》的翻译也必然带有该时代的特点。

尽管《费尔巴哈论》青骊译本对马克思主义的传播与发展起到了非常重要的作用，但仍然需要我们站在当代视野对其加以考释与解析。这里从"术语考证""观点疏正""译文校释"三个维度，选择与理解马克思主义哲学本真精神有关的重要内容的译文，对《费尔巴哈论》青骊译本加以诠释。

一、术语考证

1."历史的唯物哲学"和"唯物主义历史观"。"在一八五九年柏林出版的'政治经济学批判'序言中,马克斯叙述着我们两人于一八四五年,寄居不鲁塞尔(Brassels)时,怎样地计划去共同找出我们的观点——那就是马克斯所发展的历史的唯物哲学——和德国的观念哲学间的冲突。"①在这段译文中,青骊译本把"唯物主义历史观"翻译成"历史的唯物哲学",反映了在马克思主义传播过程中,19世纪30年代的人们在理解马克思主义哲学时,更加强调其作为一种唯物主义哲学的特点。实际上,恩格斯在该著中突出强调的是,马克思主义哲学继承了黑格尔辩证法的革命性方面,将其贯彻到对自然界和社会历史领域的理解之中,消灭了传统自然哲学和历史哲学,马克思主义哲学的革命性变革在于它不仅在自然观上贯彻了唯物主义原则,更重要的是它在历史观上也贯彻了唯物主义原则,也即将把自然界看成历史发展过程的这一唯物辩证法贯彻了到历史领域。因此,翻译成"唯物主义历史观",更加符合恩格斯的原意,也更有助于人们把握马克思主义哲学的精髓。

2. "少年狂热时期"和"狂飙突进时期"。"费尔巴哈在所有黑格尔以后的哲学家中,对于我们少年狂热时期的影响是最大了"(第29页)。在这句译文中,青骊译本把"狂飙突进时期"翻译成"少年狂热时期",容易造成读者的误解。而实际上恩格斯在这里指的是"狂飙突进时期",也就是从1775年到1785年因受启蒙思想的影响而在德国发生的新兴资产阶级文学解放运动,其名称直接来源于德国剧作家克林格尔的剧本《狂飙突进》,该运动反对封建等级和贵族统治,提倡个性解放和社会平等,

---

① [德]恩格斯:《费尔巴哈论》,青骊译,社会主义研究社1932年版,第28页。以下凡引此书,仅在文中标注页码。

崇尚"天才",主张"返回自然",这一文学解放运动虽然激发了德国民族意识,但又陷入了脱离人民群众的个人英雄主义倾向。恩格斯在这里以"狂飙突进时期"比喻19世纪30—40年代的青年黑格尔运动。

3. "实在"和"现实"。对于黑格尔蕴含着辩证法的名言"凡是现实的都是合乎理性的,凡是合乎理性的都是现实的"①,青骊译本的翻译为"一切实在的,都是合理的;一切合理的,都是实在的"(第32页),也就是将其中的"现实的"(actual②)一词翻译成"实在的"。在学界这种翻译也是比较常见的③,指的是具有真实性、必然性的东西。但一般而言,"实在"(reality)指的是独立存在于我们意志之外的、与"现象"相对立的"存在之所是"④,也即独立于我们的意识和意志的客观存在。而黑格尔这句格言中的"现实的",主要是与"现存"相区别,是一个具有辩证法意味的概念,指的是符合必然发展趋势的事物,而现存的东西则未必都无条件地具有现实性,"现实性这种属性仅仅属于那同时是必然的东西"⑤。黑格尔哲学中"现实的"一词的辩证意味就体现在"在发展进程中,以前一切现实的东西都会成为不现实的,都会丧失自己的必然性、自己存在的权利、自己的合理性;一种新的、富有生命力的现

---

① 《马克思恩格斯文集》第四卷,人民出版社2009年版,第268页。
② 参见 G. W. F. Hegel. Encyclopedia of the Philosophical Sciences in Basic Outline (Part I: Science of Logic). trans. and edit. by K. Brinkmann and D.O. Dahlstrom. Cambridge: Cambridge University Press, 2010, p33.
③ 张世英:《黑格尔〈小逻辑〉绎注》,吉林人民出版社1982年版,第42页。
④ [英]尼古拉斯·布宁,余纪元:《西方哲学英汉对照辞典》,人民出版社2001年版,第858页。
⑤ 《马克思恩格斯文集》第四卷,人民出版社2009年版,第268页。

实的东西就会代替正在衰亡的现实的东西"①。因此,青骊译本将"现实"翻译成"实在",上述辩证意味可能较难体现出来。

4."智识"和"认识"。在青骊译本中,我们现在通常使用的也即《马克思恩格斯文集》(以下简称《文集》)译本中使用的"认识"概念,大多数情况下被翻译成了"智识"。比如,"它乃是隐藏在智识过程自身之中"(第34页);"它以文学的词句,代替科学的智识"(第43页)等段落,就是如此。这一用法,在20世纪30年代的白话文中出现,反映了当时人们注重把认识解读为哲学层面的知识,也即转化为智慧的知识,或者知识转化为智慧的过程,需要我们在理解时加以注意。

5."实际"和"实践"。在青骊译本中,我们现在通常使用的也即《文集》译本中使用的"实践"概念,大多数情况下被翻译成了"实际"。比如,"甚至实际生活方面,亦无不如此"(第35页)这一句话,在《文集》译本中就被翻译为"在实践行动的领域"②。"在'德国年报'之中,那些实际目的虽犹以哲学的成语为其表现的外衣"(第41页)这一句话,在《文集》译本中就被翻译为"如果说在《德国年鉴》中实践的最终目的主要还是穿着哲学的外衣出场"③。应该说,"实践"的含义更为具体,更能体现马克思主义哲学的特点。

6."思维和存在的关系"问题和"思维与实在的关系"问题。在对哲学基本问题的表述的翻译上,青骊译本有时将"思维和存在的关系"

---

① 《马克思恩格斯文集》第四卷,人民出版社2009年版,第269页。
② 《马克思恩格斯文集》第四卷,人民出版社2009年版,第270页。
③ 《马克思恩格斯文集》第四卷,人民出版社2009年版,第274页。

问题翻译为"思维与实在的关系"(第 45 页)问题。"存在"与"实在"都是重要的哲学范畴,具有内涵上的相关性,就这里强调的是与思维相对应的客观物质存在而言,翻译成"存在"更容易被读者所理解。

7. "现实世界"和"真实世界"。恩格斯指出,"我们的思维能不能认识现实世界"[①],构成思维和存在的关系问题的另一个方面,也即思维和存在的同一性问题。青骊译本将其翻译为"我们的思维能够认识真实世界吗?"(第 47 页)考虑到传统西方哲学认为概念世界才是真实世界,而在这里恩格斯强调的是与思维所对应的客观物质存在,因此《文集》译本将其翻译成"现实世界"更为妥当。

二、观点疏正

1. "就是按德国说,那由各个大学以哲学名义所分给人们的折衷主义的淡薄羹汤,也已渐渐地为它们所代替了"(第 29 页),青骊译本中的这句话在《文集》译本中被翻译成"甚至在德国,各大学里借哲学名义来施舍的折中主义残羹剩汁,看来已叫人吃厌了"[②]。青骊译本采取的是意译,意思反而更清晰,更容易使读者认识到,黑格尔去世之后,尽管折中主义哲学一度在哲学界占了优势,但是到了 19 世纪 80 年代,折中主义哲学已经衰落,德国古典哲学开始显示出复兴的倾向。

2. "那给各方面都开着新纪元的哲学体系——黑格尔学说,竟会被

---

① 《马克思恩格斯文集》第四卷,人民出版社 2009 年版,第 278 页。
② 《马克思恩格斯文集》第四卷,人民出版社 2009 年版,第 265—266 页。

宠视为普鲁士王室政府的哲学。"（第32页）青骊译本中的这句话是对黑格尔学说的性质的界定，在《文集》译本中的表述为"而全部发展的最终体系，即黑格尔的体系"[①]。应该说，就黑格尔作为德国古典哲学之集大成者，其哲学几乎汇总了以往哲学的全部精华，并概括了哲学、自然科学和社会历史知识的发展而言，《文集》译本以"全部发展的最终体系"来界定黑格尔哲学，更为妥当。

3. 在谈到黑格尔哲学的真正意义和革命变革时，青骊译本将其翻译为"它一举击破了人类思想及行动之结果的固定意义"（第34页）。《文集》译本将其翻译为"它彻底否定了关于人的思维和行动的一切结果具有最终性质的看法"[②]。从黑格尔哲学超越传统形而上学、彰显出概念矛盾运动及其历史发展的唯心主义辩证法而言，《文集》译本的翻译更为准确。

4. 在谈到黑格尔关于真理是一个过程的观点时，青骊译本的翻译为：真理"乃是隐藏在智识过程自身之中——学问的历史发展之中"（第34页），而《文集》译本则将其翻译为"真理是在认识过程本身中，在科学的长期的历史发展中"[③]。相较而言，后者的翻译更能体现出黑格尔哲学所强调的真理并非最终的教条，而是在认识的过程之中不断加以实现的这层意思。

5. 在谈到人类获得绝对观念时，青骊译本将其翻译为"人类像黑格尔这样一个人，已经达到获得绝对观念的地步"（第37页）。而实际上，

[①]《马克思恩格斯文集》第四卷，人民出版社2009年版，第267页。
[②]《马克思恩格斯文集》第四卷，人民出版社2009年版，第269页。
[③]《马克思恩格斯文集》第四卷，人民出版社2009年版，第269页。

在黑格尔看来，只有他自身才揭示了绝对观念的运动过程，而人类是通过他才获得绝对观念的。因此，《文集》译本把这句话翻译为"人类既然通过黑格尔这个人想出了绝对观念"①，则更符合恩格斯的原意。

6. 在谈到人类想出了绝对观念，因而在实践上也达到了能够在现实中实现这个绝对观念的地步时，恩格斯谈到，"绝对观念对同时代人的实践的政治的要求不可提得太高"②，意指黑格尔在其哲学体系中设定了终点，那么绝对观念在现实中的实现也需要有具体的政治形式，因此对这一政治形式的要求不能太高，否则就无法在现实中加以实现。对这句话青骊译本的翻译为"抽象观念的现实政治要求，对于黑格尔同时的人，已经是不能再远地拖迟下去了"（第37页）。《文集》译本强调要求的程度，青骊译本强调要求的时间，尽管其落脚点是一致的，但读者在阅读时需要注意区分。

7. 恩格斯指出黑格尔哲学彻底革命的思维方法产生了极其温和的政治结论，其原因在于德国资产阶级的软弱性，指出"黑格尔是一个德国人，而且和他的同时代人歌德一样，拖着一根庸人的辫子"③。青骊译本将这句话翻译为"黑格尔是一个德国人，他和同时代的哥德一样，都带着几分法利赛人的伪善色彩"（第37—38页）。应该说，青骊译本的翻译及其对法利赛人的注释能让读者更直接地理解恩格斯的原意，也即黑格尔哲学中的革命的思维方法是虚假的、伪装的，是无法实现的。

---

① 《马克思恩格斯文集》第四卷，人民出版社2009年版，第271页。
② 《马克思恩格斯文集》第四卷，人民出版社2009年版，第271页。
③ 《马克思恩格斯文集》第四卷，人民出版社2009年版，第272页。

8. 在谈到施特劳斯和布·鲍威尔的哲学争论时，恩格斯指出，"两人之间的争论是在'自我意识'对'实体'的斗争这一哲学幌子下进行的"①，这正确揭示了两人各自抓住黑格尔体系哲学中的某一个范畴而进行相互攻击，因而并没有超出黑格尔体系的哲学基地。而青骊译本将这段话翻译为："他俩中间的斗争，藉着哲学的名义，实行着心灵与物质的冲突。"（第41页）我们要看到，以"心灵与物质的冲突"实际上并不能代替"'自我意识'对'实体'的斗争"所包含的具体含义。

9. 在谈到黑格尔学派的分裂过程中施蒂纳以"唯一者"哲学超越自我意识哲学时，恩格斯指出，"最后，出现了施蒂纳，现代无政府主义的先知（巴枯宁从他那里抄袭了许多东西），他用他的至上的'唯一者'压倒了至上的'自我意识'"②。而青骊译本则将这段话翻译为："最后走出了斯丁纳尔（Stirner），近代无政府主义的先圣——巴枯宁（Bakunine）剽窃了他的许多东西——他以其个人无上权力的意见，抬高了意识的无上权力。"（第41—42页）这实际上没有把"唯一者"这一施蒂纳哲学中的重要概念翻译出来。

10. 在谈到费尔巴哈的宗教观时，恩格斯指出，在费尔巴哈看来"我们的宗教幻想所创造出来的那些最高存在物只是我们自己的本质的虚幻反映"③。青骊译本将这段话翻译为"我们的宗教想像所创造的上帝一类东西，只是我们个人的幻想式的反映"（第42页），则没有把"对

---

① 《马克思恩格斯文集》第四卷，人民出版社2009年版，第274页。
② 《马克思恩格斯文集》第四卷，人民出版社2009年版，第274页。
③ 《马克思恩格斯文集》第四卷，人民出版社2009年版，第275页。

自己的本质"的反映这层意思明确地表达出来。

11. 在谈到黑格尔哲学把自然界理解为绝对观念的"外化"时,恩格斯指出,"在黑格尔的体系中自然界只是绝对观念的'外化'"①。青骊译本把其中的"外化"一词翻译成"离异"(第42页),则仅表明远离自己的原初形态,而彰显不出"离异"之后的对象。

12. 在谈到如何对待黑格尔哲学时,恩格斯指出,"必须从它的本来意义上'扬弃'它"②,青骊译本把其中的"扬弃"一词翻译成"破坏"(第44页),实际上没有彰显出"扬弃"所含有的"批判继承"这层含义。

13. 在谈到费尔巴哈的思想演进时,恩格斯指出,"费尔巴哈的发展进程是一个黑格尔主义者(诚然,他从来不是完全正统的黑格尔主义者)走向唯物主义的发展进程"③。青骊译本将其翻译为"费尔巴哈的进化,是从黑格尔到唯物论的进化——当然不是正统派黑格尔的进化"(第50页),将其中的"黑格尔主义者"翻译成"黑格尔",容易引起读者的误解。

14. 恩格斯认为,"在黑格尔看来,自然界只是观念的'外化'"④,这句话被青骊译本翻译为"自然仅是观念的外表形式"(第53页)。应该说,用"外化"一词,更能体现黑格尔自然哲学的本意,也即只有理解了概念的矛盾运动这一过程,才能理解自然界的存在依据。

15. 在谈到哲学唯心主义的实质时,恩格斯指出存在着如下一种误

---

① 《马克思恩格斯文集》第四卷,人民出版社2009年版,第275页。
② 《马克思恩格斯文集》第四卷,人民出版社2009年版,第276页。
③ 《马克思恩格斯文集》第四卷,人民出版社2009年版,第281页。
④ 《马克思恩格斯文集》第四卷,人民出版社2009年版,第282页。

读,也即把唯心主义的实质界定为"对道德理想即对社会理想的信仰"①。青骊译本将这句话翻译为哲学上观念论"以道德的信仰社会的理想为中心点"(第56页),意思反而不明确了。

16. 费尔巴哈认为,"人类的各个时期仅仅由于宗教的变迁而彼此区别开来"②,指出人类历史实际上就是以"爱的宗教"取代基督教的历史。但青骊译本将这句话翻译为"人类进步的各大纪元,只有宗教的改革才可以做它的标帜"(第59页),其中"宗教的改革",容易被理解为同一种宗教内部的改革,但费尔巴哈实际上指的则是两种不同宗教的变迁。

17. 恩格斯指出:"黑格尔的伦理学或关于伦理的学说就是法哲学,其中包括:(1)抽象的法,(2)道德,(3)伦理,其中又包括家庭、市民社会、国家。"③青骊译本将这句话中的"伦理"翻译为"道德的行为"(第64页),将其中的"市民社会"翻译成"有产阶级"(第64页)。在黑格尔法哲学中,"抽象的法""道德""伦理"是客观精神所经历的三个阶段,也即精神在人类社会生活中的展开过程,精神在"抽象法"的阶段仅仅体现形式上的意志自由,表现为人人能够自在地享受法权;在"道德"阶段则体现了主观的自由,"道德的观点就是自为地存在的自由"④;而在"伦理"阶段则实现了主客观的统一,"善和主观意志

---

① 《马克思恩格斯文集》第四卷,人民出版社2009年版,第285页。
② 《马克思恩格斯文集》第四卷,人民出版社2009年版,第287页。
③ 《马克思恩格斯文集》第四卷,人民出版社2009年版,第290页。
④ [德]黑格尔:《法哲学原理》,范扬、张企泰译,商务印书馆1961年版,第111页。

的这一具体同一以及两者的真理就是伦理"①,它实现了意志自由,真正体现了客观精神,并通过"家庭""市民社会""国家"三个环节,呈现出有机联系的发展过程,最终化解了普遍利益和特殊利益之间的矛盾。因此,青骊译本将"伦理"一词翻译成"道德的行为",无法呈现"伦理"一词的复杂含义。同样,青骊译本将其中的"市民社会"翻译成"有产阶级",也无法呈现"市民社会"一词的准确含义。因为在这里,"市民社会"指的是"处在家庭和国家之间的差别的阶段"②,其中"每个人都以自身为目的……其他人便成为特殊的人达到目的的手段"③,它本身通过劳动来满足需要,并含有"需要的体系""通过司法对所有权的保护""警察和同业公会"④等三个环节。

18. 恩格斯在谈到资产阶级平等权利及其实质时,认为"资产阶级在反对封建制度的斗争中和在发展资本主义生产的过程中不得不废除一切等级的即个人的特权,而且起初在私法方面,后来逐渐在公法方面实施了个人在法律上的平等权利,从那时以来并且由于那个缘故,平等权利在口头上是被承认了"⑤。青骊译本将其中的"私法""公法"分别翻译为"个人自由的权利""参与政治的权利"(第67页)。应该说这种翻译比较直白,容易理解,但是,"私法"本身所含有的针对个人层面私有财权的保护,以及"公法"所含有的针对国家层面维护共同善、

---

① [德]黑格尔:《法哲学原理》,范扬、张企泰译,商务印书馆1961年版,第161页。
② [德]黑格尔:《法哲学原理》,范扬、张企泰译,商务印书馆1961年版,第197页。
③ [德]黑格尔:《法哲学原理》,范扬、张企泰译,商务印书馆1961年版,第197页。
④ [德]黑格尔:《法哲学原理》,范扬、张企泰译,商务印书馆1961年版,第203页。
⑤ 《马克思恩格斯文集》第四卷,人民出版社2009年版,第293页。

整体善的含义，则容易被读者所忽视。

19. 在谈到费尔巴哈道德论时，恩格斯指出，"根据费尔巴哈的道德论，证券交易所就是最高的道德殿堂，只要人们的投机始终都是得当的"①。青骊译本将其中的后一句话翻译为"这里人们的投机事业必须是正确地举行着"（第67页）。恩格斯在这里实际上用了假设句，指出如果投机是正当的，按照费尔巴哈把"对己以合理的自我节制"作为道德原则，而追求幸福的欲望对每个人而言都是平等的，那么证券交易所最能够体现这种原则，因而是最高的道德殿堂，因此，在这里赢钱则是最道德的，赔钱则是不道德的。而青骊译本的翻译"这里人们的投机事业必须是正确地举行着"，较难将"只要人们的投机始终都是得当的"这层意思彰显出来，容易让读者误解为恩格斯强调投机过程符合证券交易所的规则这层意思。

20. 恩格斯指出，由于费尔巴哈仅仅从感情的关系来理解人的本质，不能找到从抽象王国通向现实世界的道路，而要超越费尔巴哈哲学，也即从费尔巴哈的抽象的人转到现实的、活生生的人，"就必须把这些人作为在历史中行动的人去考察"②。青骊译本将这句话翻译为"那我们就得把这些人看作历史的活动分子"（第69页），则较难凸显出恩格斯所说的现实的人，是处于社会生产过程之中的承载着特定社会关系内涵的现实的人这层含义。

21. 在谈到青年黑格尔派与黑格尔哲学之间的关系时，恩格斯指出，

---

① 《马克思恩格斯文集》第四卷，人民出版社2009年版，第293页。
② 《马克思恩格斯文集》第四卷，人民出版社2009年版，第294页。

"施特劳斯、鲍威尔、施蒂纳、费尔巴哈,就他们没有离开哲学这块土地来说,都是黑格尔哲学的分支"①,指出了青年黑格尔派的思想依然是观念论哲学。青骊译本将这句话翻译为:"施特劳斯,鲍尔,斯丁纳尔,费尔巴哈,在他们未离开哲学领域的时候,都是黑格尔哲学的次要的代表者。"(第71页)恩格斯上述准确含义则未能被突出强调。

22. 在谈到布·鲍威尔仅仅基于圣经故事来自福音书作者们有意识的创作,进而展开对基督教的批判时,恩格斯指出,"鲍威尔只是在基督教起源史方面做了一些事情,虽然他在这里所做的也是重要的"②。青骊译本将这句话翻译为:"鲍尔也仅是于原始基督教一部分,有相当的成绩。"(第71页)其中"原始基督教一部分"并不能彰显出"原始基督教的起源"这一含义。

23. 在谈到黑格尔学派解体过程中所产生的把唯物主义贯彻到底因而真正结出果实的马克思主义哲学时,恩格斯指出,"黑格尔不是简单地被放在一边,恰恰相反,上面所阐述的他的革命方面即辩证方法被接过来了"③,意味着马克思主义哲学批判地继承了黑格尔的辩证法。青骊译本将这句话翻译为:"在这里,黑格尔并没有简单地被弃置于一面。反之这个学说,倒是依附自己于他的哲学中公然革命的部分——辩证方法。"(第73页)反而容易让读者以为马克思主义哲学是被动地依附于黑格尔辩证法,这实际上并不符合恩格斯的原意。

---

① 《马克思恩格斯文集》第四卷,人民出版社2009年版,第296页。
② 《马克思恩格斯文集》第四卷,人民出版社2009年版,第296页。
③ 《马克思恩格斯文集》第四卷,人民出版社2009年版,第297页。

24. 恩格斯谈到形而上学方法的产生有着具体的历史原因,指出"旧的研究方法和思维方法,黑格尔称之为'形而上学的'方法,主要是把事物当做一成不变的东西去研究,它的残余还牢牢地盘踞在人们的头脑中,这种方法在当时是有重大的历史根据的"①。青骊译本将这句话中的"历史根据"翻译为"历史的意义与价值"(第76页),较难凸显出恩格斯所谈的自然科学的发展状况对哲学方法有重要的影响这层含义。

25. 恩格斯指出,18世纪的自然科学主要是"搜集材料的科学,关于既成事物的科学"②。青骊译本将这句话翻译为主要是"智识的搜集,各别事物的科学"(第76页),没有把"既成事物的科学"这层意思翻译出来,这就使得我们理解19世纪的自然科学转变为"关于过程、关于这些事物的发生和发展以及关于联系——把这些自然过程结合为一个大的整体——的科学"③时,失去了思想发展史上的参照。

26. 在谈到19世纪自然科学的三大发现时,青骊译本将其中第二大发现翻译为"能力的转变"(第77页)。按照通常的理解,将其翻译为"能量转化"④则更为准确。

27. 在谈到社会发展史和自然发展史的根本不同之处时,恩格斯指出,"在自然界中(如果我们把人对自然界的反作用撇开不谈)全是没有意识的、盲目的动力,这些动力彼此发生作用,而一般规律就表现在

---

① 《马克思恩格斯文集》第四卷,人民出版社2009年版,第299页。
② 《马克思恩格斯文集》第四卷,人民出版社2009年版,第299页。
③ 《马克思恩格斯文集》第四卷,人民出版社2009年版,第299—300页。
④ 《马克思恩格斯文集》第四卷,人民出版社2009年版,第300页。

这些动力的相互作用中"①。其中"盲目的动力"一词在青骊译本中被译为"盲目分子"（第79页），则很难让读者了解其真正含义。

28. 在谈到社会历史进程中，尽管任何事情的发生都有预期的目的，表面上看许多预期目的很少如愿以偿，且它们之间相互干扰，彼此冲突，但仍受内在的一般规律支配这一特点时，恩格斯指出在这一领域内，尽管各个人都有自觉预期的目的，"总的说来在表面上好像也是偶然性在支配着"②。青骊译本将其翻译为"偶然的事物是常常显露于外表的"（第80页），则不容易把表面上看偶然性支配事物发展这一规律这层含义表达出来。

29. 恩格斯谈到人们按照不同的愿望、怀着不同的目的参与历史的创造，愿望由多种因素决定，其中精神的动机是重要的因素，"精神的动机"一词在青骊译本中被翻译为"理想的冲动"（第81—82页）。恩格斯又谈到，在历史上活动的许多单个愿望在大多数场合下所得到的完全不是预期的结果，往往是恰恰相反的结果，"因而它们的动机对全部结果来说同样地只有从属的意义"③。其中，"动机"一词被青骊译本翻译为"动作的动力"（第81页）。青骊译本上述两处翻译，均不容易让读者了解其真正内涵。

30. 寻求历史的真正动力，是马克思主义哲学的重要内容，恩格斯谈道："如果要去探究那些隐藏在——自觉地或不自觉地，而且往往是

---

① 《马克思恩格斯文集》第四卷，人民出版社2009年版，第301页。
② 《马克思恩格斯文集》第四卷，人民出版社2009年版，第302页。
③ 《马克思恩格斯文集》第四卷，人民出版社2009年版，第303页。

不自觉地——历史人物的动机背后并且构成历史的真正的最后动力的动力。"① 这句话在青骊译本中被翻译为"如果我们要去发现那些推动的力量,那些隐藏在历史事象后面,支持着历史的最后的真的动机的(意识的并且大部分是无意识的)推动力量"(第82页)。《文集》译本中的"动机背后"的内涵比青骊译本中的"历史事象后面"的内涵更为具体。

31. 恩格斯认为:"资产阶级和无产阶级这两个阶级是由于经济关系发生变化,确切些说,是由于生产方式发生变化而产生的。"② 这句话在青骊译本中被翻译为"资产阶级与无产阶级都是由经济条件之变迁的结果中发生出来,严格言之,由生产方法之变迁的结果中发生出来"(第84页)。《文集》译本中的"经济关系"一词比青骊译本中的"经济条件"一词更能体现生产关系的内容,同样,"生产方式"比"生产方法"更能体现历史变化的实质。

32. 在谈到宗教的变化根源于阶级关系的变化时,恩格斯谈道:"宗教一旦形成,总要包含某些传统的材料,因为在一切意识形态领域内传统都是一种巨大的保守力量。但是,这些材料所发生的变化是由造成这种变化的人们的阶级关系即经济关系引起的。"③青骊译本将其中的"经济关系"一词翻译为"经济环境"(第94页),应该说,"经济环境"很难体现出阶级关系这层含义。

---

① 《马克思恩格斯文集》第四卷,人民出版社2009年版,第304页。
② 《马克思恩格斯文集》第四卷,人民出版社2009年版,第305页。
③ 《马克思恩格斯文集》第四卷,人民出版社2009年版,第312页。

三、译文校释

1. "事实上,也就是以我们现在的哲学智识去和它比较比较"(第28页),青骊译本这句译文中的"它"指的是"德国的观念哲学",而实际上恩格斯在这里强调的是"把我们从前的哲学信仰清算一下"[①]。尽管马克思和恩格斯在历史唯物主义创立之前,也曾是一名青年黑格尔派的成员,但这句话强调的还是对他们自身的哲学信仰进行清算,而不是与德国观念论哲学进行清算。

2. "不过我们也十分愿意让这本草稿的出版时期,无限地延迟下去,因为我们那时已经达到了我们的目的,已经明白了我们自己的哲学地位"(第28页)。这句话在《文集》译本中被翻译成"既然我们已经达到了我们的主要目的——自己弄清问题,我们就情愿让原稿留给老鼠的牙齿去批判了"[②]。其一,对于"让原稿留给老鼠的牙齿去批判"这句话,青骊译本采取的是意译,意思反而更清晰,表明著作出版变得遥遥无期。《文集》译本的直译反而容易让读者产生多种联想。其二,对于"自己弄清问题"这句话,青骊译本翻译成"已经明白了我们自己的哲学地位",这实际上并不符合马克思和恩格斯的本意。

3. 在谈到并不存在终极的绝对真理时,恩格斯指出,"在哲学认识的领域是如此,在任何其他的认识领域以及在实践行动的领域也是如

[①]《马克思恩格斯文集》第四卷,人民出版社2009年版,第265页。
[②]《马克思恩格斯文集》第四卷,人民出版社2009年版,第265页。

此"①。青骊译本将其中的"实践行动的领域"翻译为"实际生活方面"（第 35 页），则无法凸显恩格斯所强调的实践行动本身的特点。

4. 在谈到黑格尔体系哲学的影响时，恩格斯指出，"它延续了几十年"②，但青骊译本却将之翻译为"一直继续到十年"（第 40 页），这显然属于误译。

5. 在谈到黑格尔学派的分裂时，恩格斯指出，"黑格尔的整个学说，如我们所看到的，为容纳各种极不相同的实践的党派观点留下了广阔场所；而在当时的理论的德国，有实践意义的首先是两种东西：宗教和政治"③。其内涵表述是非常清楚的。青骊译本将这段话翻译为："黑格尔的全部学说，如我们所见，包罗广泛，使各式各样的实际问题的见解，都能在它的内部得到发展的余地，所谓实际问题，在那时德国的理论界，只含看宗教政治两件事"（第 40 页）。《文集》译本中"实践的党派观点"比青骊译本中"实际问题的见解"，更能呈现黑格尔学派分裂之后德国理论界的状况。同时，"理论的德国"是指当时德国革命表现为理论上的革命，而青骊译本将其翻译为"德国的理论界"则无法表达这层含义。

6. 恩格斯谈到对不可知论的驳斥时，指出 "对这些以及其他一切哲学上的怪论的最令人信服的驳斥是实践，即实验和工业"④。青骊译本将这句话翻译为"而对于这个观点，赐以最大的破坏批判的，正像其他固定的哲学观念所遭遇的一样，乃是实际的结果——经验与工业"（第

---

① 《马克思恩格斯文集》第四卷，人民出版社 2009 年版，第 270 页。
② 《马克思恩格斯文集》第四卷，人民出版社 2009 年版，第 273 页。
③ 《马克思恩格斯文集》第四卷，人民出版社 2009 年版，第 273 页。
④ 《马克思恩格斯文集》第四卷，人民出版社 2009 年版，第 279 页。

48页）。把这句话中的"实践"翻译成了"实际"，不能体现主客体之间的对象性活动这一实践特征，而仅仅凸显出了实践的结果，实际上未能把恩格斯的完整含义表达出来。

7. 恩格斯指出，费尔巴哈虽然坚持自然观上的唯物主义，但对唯物主义的理解非常狭隘，仅仅把唯物主义等同于它在18世纪的表现形式，原因在于"他不能克服通常的哲学偏见，即不反对事情本身而反对唯物主义这个名称的偏见"①。青骊译本将这句话翻译为"他不能去除普通的哲学成见，这个成见就是不反对唯物论的实质而反对着唯物论的名字"（第51页），将其中"不反对事情本身"翻译成"不反对唯物论的实质"，而费尔巴哈实际上谈的就是"不反对事情本身"。

8. 在谈到黑格尔体系哲学自身的矛盾时，恩格斯指出，"但是，体系要求这样，于是，方法为了迎合体系就不得不背叛自己"②。青骊译本将这句话翻译为"不过黑格尔的哲学体系，是这样地迫着他，而为了体系的偏爱，连他自己的方法，也不得不否认了"（第53页）。应该说，恩格斯重点强调的是黑格尔自身的革命的辩证法没有被贯彻到底，自己否定了自己，青骊译本容易让读者认为，是体系抛弃了方法。

9. 在谈到黑格尔辩证法的革命性质时，恩格斯指出："同样，今天已经被认为是错误的认识也有它合乎真理的方面，因而它从前才能被认为是合乎真理的。"③青骊译本将这句话翻译为"同样，那些现在被认

---

① 《马克思恩格斯文集》第四卷，人民出版社2009年版，第281页。
② 《马克思恩格斯文集》第四卷，人民出版社2009年版，第283页。
③ 《马克思恩格斯文集》第四卷，人民出版社2009年版，第299页。

为是假的,也有它的真的方面,在后日的发展上,它可以呈现为真实"(第75页),把其中的"从前"一词翻译成"后日的发展",意思反而讲不通了。

10. 恩格斯指出,"旧唯物主义在历史领域内自己背叛了自己"①。这句话在青骊译本中被翻译为"历史领域中的旧唯物论的见解是错误的"(第81页),实际上未能把旧唯物主义在自然观上的唯物主义与历史观上的唯心主义之间的冲突这层含义彰显出来。

11. 恩格斯谈道:"历史哲学,特别是黑格尔所代表的历史哲学,认为历史人物的表面动机和真实动机都决不是历史事变的最终原因。"②其中"最终原因"一词在青骊译本中被翻译为"最初原因"(第82页),意思就讲不通了。

12. "一般的历史家"和"流行的历史编纂学"。恩格斯指出,"同样,对历史上的重大的阶级斗争的理解,特别是在德国,已经被流行的历史编纂学弄得够模糊了,用不着我们去把这些斗争的历史变为教会史的单纯附属品,使这种理解成为完全不可能"③。其中的"历史编纂学"是德国历史哲学中的一个流派,它认为历史发展是靠政治来推动的,它"看重国家的政治和外交历史,宣称外交政治高于国内政治,无视人们的社会关系及其在历史中的积极作用"④。青骊译本将其翻译为"一般的历史家"(第63页),则无法把这个流派的特点和实质呈现出来。

---

① 《马克思恩格斯文集》第四卷,人民出版社2009年版,第303页。
② 《马克思恩格斯文集》第四卷,人民出版社2009年版,第303页。
③ 《马克思恩格斯文集》第四卷,人民出版社2009年版,第289页。
④ 《马克思恩格斯文集》第一卷,人民出版社2009年版,第809页,注释192。

结语

马克思和恩格斯在理论探索过程中，为我们留下了卷帙浩繁的经典著作。《费尔巴哈论》写于 1886 年，深入揭示了德国古典哲学的发展历程与基本特征，系统阐述了马克思主义哲学的发展历程及其革命性变革，在马克思主义发展史上具有重要的地位，是我们深入把握马克思主义哲学的必读文献。《费尔巴哈论》青骊译本是 20 世纪 30 年代中国进步青年在探索救亡图存的道路，寻求先进理论以实现民族独立、国家富强的过程中翻译出版的，尽管译文中有极个别术语存在误译，有个别术语或句子的翻译尚不够准确，但译文总体上反映了恩格斯著作的基本精神，有些部分的注释和翻译，对我们今天理解该著作仍然有着积极的参考意义。可以说，青骊译本及时地把马克思主义这一科学理论引入中国，为马克思主义的传播起到了积极作用。尽管青骊译本出版时面临国民党对革命文化的"围剿"，印数只有 500 份左右，但是，受到该译本影响的进步青年，大多成长为革命志士和党的领导骨干，译本真正起到了理论武装进步青年的积极作用。当前，深入研究、发展马克思主义哲学，仍然是我们面临的一项时代课题。因此，需要我们在探索马克思主义哲学传播史、理解史、翻译史的过程中，在比较不同中译版本基础上，进一步深入把握马克思主义哲学本真精神，推进马克思主义哲学的实践发展，从而开辟马克思主义研究和发展的新的境界，这也是《〈路德维希·费尔巴哈和德国古典哲学的终结〉青骊译本考》的深层意蕴之所在。

参考文献

[1] 马克思恩格斯文集：第1—10卷［M］.北京：人民出版社，2009.

[2] 列宁专题文集：论马克思主义［M］.北京：人民出版社，2009.

[3] 列宁专题文集：论辩证唯物主义和历史唯物主义［M］.北京：人民出版社，2009.

[4] ［德］恩格斯.费尔巴哈论［M］.青骊，译.北平：社会主义研究社，1932.

[5] 恩格斯与保尔·拉法格、劳拉·拉法格通信集：第一卷：1868—1886［M］.北京第二外国语学院法语专业73级师生，合译.胡志真，校.北京：人民出版社，1979.

[6] ［德］康德.纯粹理性批判［M］.邓晓芒，译.北京：人民出版社，2004.

[7] ［德］黑格尔.哲学全书·第一部分·逻辑学［M］.梁志学，译.北京：人民出版社，2002.

[8] ［德］黑格尔.法哲学原理［M］.范扬，张企泰，译.北京：商务印书馆，1961.

[9] ［德］路德维希·费尔巴哈.费尔巴哈哲学著作选集：上卷［M］.

荣震华，李金山，等，译.北京：商务印书馆，1984.

[10][德]路德维希·费尔巴哈.费尔巴哈哲学著作选集：下卷[M].荣震华，王太庆，刘磊，译.北京：商务印书馆，1984.

[11][美]梯利.西方哲学史[M].葛力，译.北京：商务印书馆，1995.

[12][美]彼得·盖伊.启蒙时代[M].汪定明，译.北京：中国言实出版社，2005.

[13][英]尼古拉斯·布宁，余纪元.西方哲学英汉对照辞典[M].王柯平，等，译.北京：人民出版社，2001.

[14][苏]列·阿·列文.马克思恩格斯著作的发表和出版[M].周维，译.北京：生活·读书·新知三联书店，1976.

[15][美]C.L.尤班克斯.马克思恩格斯著作目录和马克思主义参考书目[M].叶林，熊道光，等，译.北京：书目文献出版社，1987.

[16]中共中央马克思恩格斯列宁斯大林著作编译局马恩室.马克思恩格斯著作在中国的传播[M].北京：人民出版社，1983.

[17]北京图书馆马列著作研究室.马克思恩格斯著作中译文综录[M].北京：书目文献出版社，1983.

[18]北京市党史资料编辑室.故都从未停止战斗[M].北京：北京出版社，1982.

[19]中共太原市委党史研究室.太原党史资料汇编：第三辑[M].1991.

[20]中共山西省委党史办公室.赖若愚纪念文集：下[M].北京：中共党史出版社，2012.

[21] 徐素华. 马克思恩格斯著作在中国的传播：MEGA² 视野下的文本、文献、语义学研究 [M]. 北京：中国社会科学出版社，2013.

[22] 宗占林. 马克思恩格斯哲学基本思想探讨与解析 [M]. 哈尔滨：黑龙江大学出版社，2010.

[23] 裴丽生. 裴丽生文集 [M]. 北京：科学普及出版社，2009.

[24] 韩钟昆. 裴丽生传 [M]. 太原：北岳文艺出版社，2000.

[25] 张世英. 黑格尔《小逻辑》绎注 [M]. 长春：吉林人民出版社，1982.

[26] 孙伯鍨. 探索者道路的探索 [M]. 南京：南京大学出版社，2002.

[27] 唐正东. 马克思恩格斯哲学原著选读 [M]. 北京：北京师范大学出版社，2010.

[28] 王东，等. 马列著作在中国出版简史 [M]. 福州：福建人民出版社，2009.

[29] 孙海洋.《路德维希·费尔巴哈和德国古典哲学的终结》导读 [M]. 北京：中共中央党校出版社，2018.

[30] 王代月，赵义良. 基于 MEGA² 视角的马克思主义经典著作导读 [M]. 北京：社会科学文献出版社，2020.

[31] 李亿.《路德维希·费尔巴哈和德国古典哲学的终结》曹真译本考 [M]. 沈阳：辽宁人民出版社，2020.

[32] 李成旺. 实践·历史·自由：马克思哲学本真精神的当代追寻 [M]. 北京：人民出版社，2018.

[33] 李成旺. 历史唯物主义生成路径研究 [M]. 北京：人民出版社，

2017.

［34］李成旺.马克思哲学革命的文本学解读［M］.北京：中国社会科学出版社，2011.

［35］李成旺.《德意志意识形态》导读［M］.北京：中国民主法制出版社，2018.

［36］韩立新."日本马克思主义"：一个新的学术范畴［J］.学术月刊，2009（9）.

［37］史光荣.马克思主义哲学早期研究者裴丽生［J］.文史月刊，2018（7）.

［38］李成旺.对"逻辑在先"的批判与历史唯物主义视界的出场［J］.哲学动态，2017（7）.

［39］G. W. F. Hegel. Encyclopedia of the Philosophical Sciences in Basic Outline（Part I： Science of Logic）. trans. and edit. by K. Brinkmann and D.O. Dahlstrom. Cambridge： Cambridge University Press，2010.

［40］Engels, Friedrich. Feuerbach: The Roots of Socialist Philosophy. tran. by Austin Lewis. Chicago: Charles H. Kerr, 1903.

［41］Engels, Friedrich. Feuerbach: the Roots of the Socialist Philosophy. tran. by Austin Lewis. Chicago: C.H. Kerr & Co, 1912.

［42］Engels, Friedrich. Feuerbach: the Roots of the Socialist Philosophy. tran. by Austin Lewis. Chicago: C.H. Kerr & Co, 1916.

［43］Engels, Friedrich. Feuerbach: the Roots of the Socialist Philosophy. translated with Critical Introd. by Austin Lewis. Chicago: C.H. Kerr, 1919.

[44] Engels, Friedrich. Ludwig Feuerbach and the Outcome of Classical German Philosophy. with an Appendix of Other Material of Marx and Engels Relating to Dialectical Materialism. edited by C.P. Dutt. New York: International Publishers, 1934.

[45] Engels, Friedrich. Ludwig Feuerbach and the Outcome of Classical German Philosophy. with an Appendix of Other Material of Marx and Engels Relating to Dialectical Materialism. edited by C.P. Dutt. New York: International Publishers, 1935.

[46] Engels, Fridrich. Ludwig Feuerbach and the Outcome of Classical German Philosophy. with an App. of Other Material of Marx and Engels Relating to Dialectical Materialism. [ed. by C.P. Dutt]. London, 1936.

[47] Engels, Friedrich. Ludwig Feuerbach and the Outcome of Classical German Philosophy. edited by C.P. Dutt. New York: International Publishers, 1941.

[48] Engels, Friedrich. Ludwig Feuerbach and the Outcome of Classical German Philosophy. edited by C.P. Dutt. New York: International Publishers, 1979.

[49] Engels, Frederich. Ludwig Feuerbach and the Outcome of Classical German Philosophy. edited by B Lasker. Moscow: Progress, 1946.

[50] Engels, Frederich. Ludwig Feuerbach and the Outcome of Classical German Philosophy. edited by B Lasker. London: Lawrence and Wishart, 1947.

[51] Engles, F. Ludwig Feuerbach and the End of Classical German Philosophy. with an Appendix: K. Marx "Theses on Feuerbach". Moscow: F.L.P.H, 1950.

[52] Engels, Frederich. Ludwig Feuerbach and the End of Classical German Philosophy. with an Appendix: K. Marx "Theses on Feuerbach". Moscow: Progress, 1969.

[53] Engels, F. Ludwig Feuerbach and the End of Classical German Philosophy. Moscow: Progress, 1973.

[54] Engels, Friedrich. Ludwig Feuerbach and the End of Classical German Philosophy: with an Appendix: K. Marx "Thesen on Feuerbach". Moscow: Progress, 1978.

[55] Engels. Ludwig Feuerbach and the End of Classical German Philosophy. Moscow: Progress, 1987.

原版书影印

说　明

《马克思主义经典文献传播通考》各册均附有原版书影印资料，即马克思主义经典著作中文译本。本丛书所称"译本"是指：1. 我国单行出版的马克思、恩格斯、列宁等原著，包括著作、书信选译和专题文集；2. 报纸、杂志连载马克思、恩格斯、列宁等著作的完整译文。鉴于中华人民共和国成立前，马克思主义经典著作的译本数量众多，版次与印次繁杂，本丛书所附译本均作专门说明。

本册所附《路德维希·费尔巴哈和德国古典哲学的终结》青骊译本为1932年11月社会主义研究社出版的《费尔巴哈论》。

英漢合璧
費爾巴哈論
FEUERBACH

社會主義研究社印行
1932

費爾巴哈論

青驪譯

英漢合璧	費爾巴哈論

原著者：	F. ENGELS
英譯者：	A. LEWIS
中譯者：	青驪
出版者：	社會主義研究社
代售處：	各省各大書坊

定　價：每册大洋九角

1932 11 25 出版

版權所有✿翻印必究

社會主義名著譯叢總序

二十世紀是一個暴風雨的時代。生在這樣時代的人尤其是青年人們，如果不肯甘心做着舊勢力下的遺老遺少，那麼就應該擎起革命的旗幟去推翻舊的階級的行將死滅的社會組織，來創造新的充滿力的全人類的康莊大道。不然那他們就辜負了這個時代所賜與他們的偉大使命。

但是我們又當知道：二十世紀已不再是那斬木揭竿的時代；沒有正確的理論，絕不會有有效的行動，而且堅決的行動也只有透澈的理論才能產生出來。因此，在今日的推動時代的前進中，創造新的社會的行程中，是絕對不需要盲動的。正好相反，在革命運動中從事實踐的人，應該不斷地充實自己的理論；而在歧途上徘徊着的青年人們，尤當探究新的科學的社會主義的學說。

2 費爾巴哈論

至於這個新的學說或理論，換言之，新的社會的骨格以及創造牠的步驟，却早已由我們的天才導師馬克斯恩格斯蒲列罕諾夫列寗……等人從舊社會的胎包內發現出來了。這在中國的普羅大衆向着統治階級鬪爭的革命過程中，是必須藉以響導自己的行動並以之來破壞對方的理論根據的。因之社會主義名著的譯述實是刻不容緩的工作。

可是我們一方面深深地感覺着這樣需要的迫切，而在另一方面近五六年中國的社會主義的譯述界，雖然有了相當的成績，但錯譯與硬譯者實不在少數。於是我們就做出這樣社會主義名著譯述的計劃，思盡棉薄於萬一。

我們翻譯的對象是：理論的，分析事實的，行動策略的以及批評他人的……等等社會主義的名著。並且爲方便於讀者起見，在可能的範圍內，對於重要文獻都附印英文。我們的譯文是極力地求其"信達"的，然亦不敢謂其絕對無誤；如蒙深造於社會主義理論的人士，開誠指敎，則是仝人所深深感激的。

目 次

中譯者序言
英譯者導言
著者序言
費爾巴哈論
    一　從黑格爾到費爾巴哈
    二　觀念論與唯物論（或唯物論者的費爾巴哈）
    三　費爾巴哈的宗教哲學及倫理學（或觀念論者的費爾巴哈）
    四　辯証法的唯物論與唯物史觀
附錄：費爾巴哈論綱——馬克斯

中譯者序言

費爾巴哈論是社會主義的哲學的主要文獻之一，這是大家所知道的。這本書在中國已有三種譯本：一是彭嘉生的"費爾巴哈論"；二是楊東蓴甯敦伍合譯的"機械論的唯物論批判"的前半部；三是林超真譯的"宗教哲學社會主義"的哲學部分。這三種譯本，前二者的文句，多不可解；且譯者對於原書生字的意義，似未曾精確審查，如將"after-birth"（胎衣）譯作"後生"，將"period"（綺麗之文）譯作時期，就是最顯明的例證。林超真本，清切明瞭，是其所長；惟有遺漏段節及意義與原意相反之處，本譯本係根據黎威奧斯丁(Austin Lewis)的英文本轉譯；文句務求簡明，意義務求信達；並且為易於明瞭起見，於譯文中添加新標題。如果讀者能在與英文參閱時，得以更容易地更明白地把握着原書的觀念。那麼，譯者的目的，就算是達到了。

關于本書內容的介紹，黎威氏的導言中，已經有詳盡的說明，茲不贅述。不過黎威氏在導言末段，對於經濟決定主義的批評，我認為是不對的。他說："這裏的問題……

2　　　費爾巴哈論

"……並不僅僅是一個環境的問題——經濟及其他外的現象的問題，乃是人與環境間的問題，牠們相互聯繫的問題。"在此地，他的意思就是：歷史進化與人類社會組織的原素，並不只是一個"經濟及其他外的現象"，人也是一個不可缺的原素；所以我們應該把這個問題，看作人與環境間的問題。接着他就舉出貝克斯(Belfort Bax)與費瑞(Enrico Ferri)兩人的意見來作論証。貝克斯說："企圖以單一的原素，去說明人類生活的全部，使一切歷史都歸原於經濟基礎（經濟原素——譯者），實在忽略了下述事實：任何真實存在的東西，都具有物質及形式的兩方面——牠最低限度，也包着兩個原素。"又說："文化的，道德的及藝術的活動方面，我充分地承認是決定於社會的物質條件（混沌的名詞，指着經濟原素及環境——譯者）……不過牠也要同樣地被決定於產生牠的那些基本的心理傾向（所謂人的原素——譯者）"。費瑞說："任何現象和任何制度——道德的，法律的，政治的——是經濟條件（經濟原素——譯者）及那不斷變化的自然及歷史環境中的各種條件(各種原素——譯者)的結果。……正像個人的一切心理狀態，是自己機體及其所生活的環境的結果一樣，一個人羣的社會意識狀態，也是由那種族的機體組織（所謂人的原素——譯者）及其所處的環境（環境的原素——譯者）造成的。"

中譯者序言

在這裏他的錯誤有兩點：

第一，他把真實的經濟生活及真實的人抽象化了。

第二，他只把經濟生活看作社會組織中的一種原素，是和其他的各種原素（如貝克斯的"基本心理傾向"，費瑞的"自然及歷史環境中的各種條件"，"種族"條件）有同等作用的原素，並不是決定其他一切原素的"經濟基礎"。

現在我從第一條開始討論。

黎威氏說："這裏的問題，並不是一个環境的問題——經濟及其他外的現象的問題，乃是人與環境間的問題。"從黎威氏的意思看來，人是和經濟環境（抽象的經濟環境）對立着的；拉發格只注意到經濟環境，而沒有注意到人。可是拉發格經濟決定論的根本思想，在于"物質生活的生產方式，一般地規定社會的政治的及精神的生活的發達過程。""物質生活"不是人與自然間的關係嗎？"物質生活的生產方式"不是人們在一定的生產力的發展階段上，在一定的生產關係之下，和自然界所行的鬥爭嗎？這裏的"物質生活的生產方式"經濟生活是真實的，具有豐富的內容的人類社會的根本生活，並不是抽象的，一面性的，社會生活的客觀條件；牠就是人類社會生活的本身。至于社會生活中的人，乃是適應於生產力發達的階段，相互組織於一定的生產關係之中的人，在奴隸社會為奴隸主與奴隸，在封建社會為封建地主與農奴，行東與徒弟，在資本社會為

4. 費爾巴哈論

資本家與勞動者。他們都是某種特定社會中的經濟化的人，經濟化的人格。所有這些人的政治生活，道德生活，宗教生活，都是他們經濟生活的附屬物。這些其他生活的內容，都是經濟生活的反映或輔助經濟生活的行為。他們已經由於經濟生活的差異性與多面性，及其相應於經濟生活的社會的政治的精神的等等生活的各種方式轉變為各式各樣的真實的人，經濟化的人。這裏的真實的社會人和他的經濟生活的關係，是怎樣地密切，是怎樣地不可分離，已可以想像見了。絕不像黎威氏所舉出的，"環境——經濟及其他外的現象"及所謂"人"那樣地抽象，那樣地死板無生氣。他所謂的"經濟""環境"只是一個無內容的抽象的客觀條件；他所謂的"人"也只是一個象抽化的"人"，一個非社會生活中的理想的"自然人"。這在下面更加明瞭。

現在我再討論第二條。

黎威氏把"人"和"環境——經濟及其他外的現象"對立起來以後，把"人"和"經濟"對立起來以後，便摘引貝克斯及費瑞的意見，來證明"文化的，道德的及藝術的活動方面"，"道德的，法律的，政治的現象與制度"，是"社會的物質條件"及"那些基本心理"的結果，是"那些種族的機體組織及其所處的環境的結果"、總而言之，是"人和環境"（經濟及其他外的現象）間的關係。

接着，他又摘引了恩格斯的兩段話。其後一段中這樣

中譯者序言

說着："依着歷史的唯物觀點，歷史的決定原素，乃是物質生活的生產與再生產（並不人類社會生活的無內容的抽象的客觀條件或環境，乃是人類社會的根本生活，經濟生活——譯者）。過乎此，我和馬克斯都沒有再肯定過什麼。如果有人硬要歪曲這話，說經濟的要素，便是唯一的要素，那他就把這正確的理論轉變爲一個無意義的，空洞的並且是謬誤的術語了。經濟條件，只是基礎。在這上面……"黎威氏從此便說："恩格斯絕沒有意圖着那個極端的決定論；而且相反，他的一般觀點，是和那些理論完全不相合的。"就是說：恩格斯的意見，是和他相同的；是不但顧及到"經濟""環境"，而且也顧及到"人"的。但是恩格斯在此地所注意的，並不是人與環境間的關係，乃是社會的"經濟基礎"與其"上層建築"——政治方式，法律關係及其他意識形態，政治，法律，哲學等等學說，宗教觀念——間的關係。如果說到經濟基礎與上層建築的關係，那前者是決定的因素，後者是被決定的因素；前者是原始的，物質的；後者是由前者派生的，是前者的意識的反映。這些上層建築，在牠們適應於經濟基礎時，對於經濟基礎有相當的作用，對於社會有進步的機能。不過一旦經濟基礎改變，牠們就不能適合於經濟基礎，牠們就必然地或緩或急地起了變革。至於經濟的改變，那是發生於社會的生產力與生產關係的矛盾中的。在生產力的名詞之下，包含有

6　費爾巴哈論

那些未消耗的自然富源（土地礦產森林等等），人能夠利用的自然力（風水電汽等等），生產手段（經過人工的原料及生產工具），勞動力（各人的及團體的）。這些包含於生產力之中的各種因素，分析起來，可以分解為人類自身（種族條件）及環繞人類的自然〔環境〕。這就是黎威氏所說的"人"與"環境"。但是"我們發見全社會構造，以至………各時代的特殊的國家形態的內部的秘密，隱匿的基礎，常常是在生產條件的所有者對於直接生產者的直接的關係中的。"（資本論第三卷）我們能夠用這自然"人"及自然的環境來抽象地建設起這個全社會構造的"秘密"與"基礎"嗎？我們必須把這些"人"理解為使用着特定歷史階級的各式各樣的生產工具，遵循着特定歷史階段的各式各樣的勞動方式，在特定歷史階段的特定社會的生產關係之下，去和自然環境緊緊地結合着，實行着代謝機能的"社會人"，就是說必須看作眞實的經濟生活中的人。然後我們才能了解依着由特定的生產工具，特定的勞動方式及社會所能利用的天然富源及天然力等等所組成的生產力，使人們相互組織在一起的相應於生產力的生產關係──社會的經濟基礎，怎樣的成立起來。然後我們才能明瞭基於社會歷史的不同的生產力發展的階段上建設起來的各種社會的生產關係──奴隸社會封建社會以及資本社會的經濟基礎，怎樣地不同，為什麼不同。至於黎威氏所說的"環境"（外的現象）及"人"、人種條件），在經濟基礎中的作用，只能使那些屬於同一方式的經濟基礎，"在外觀上現出無限的差異和階段"，並不能使奴隸社會的經濟基礎轉變爲封建社會的經濟基礎，再使封建社會的經濟基礎轉變爲資本主義社會的經濟基礎。歐洲的自然環境與人種在現在不是和中世紀一樣嗎？至於那些人的要素——心理傾向，種族機體，對於"文化的道德的及藝術的活動"，"法律的政治的現象與制度"的影響，只在社會的生產關係的條件之下，才能發生効力。歐美各國資產階級和亞洲各國資產階級的種族條件是不同的，然而他們的政治根本主張，都是反對個人的特權的；參與政治的人，都是以私產爲條件的。同樣，個人機體組織對於個人生活及意識的影響，也只有在這個人所眞實生活的社會的生產關係之下，才有或多或少的作用。資產階級中的各個資本家的個人機體是不同的；可是他們對於利潤的慾求，工人的剝奪，商品的銷售等等意識，是極其一致的。就按他們的宗教意識說，他們一般地都信奉着新教而反對封建地主所信奉的天主教，難道他們相互間的性癖，都同得一模一樣，而與封建地主們的個人生性，都是驢頭不對馬嘴嗎？這裡顯然可以看出經濟生活對於上層建築的決定作用。而所謂種族機體，個人生理對於這些上層建築的影響，也不過使得牠們在外觀上現出或多或少的差異罷了。除此以外，黎威氏在摘引費瑞的一段話中（任何現象和任何制度——道德的，法律的，政治的——是經濟條件………………的結果，這是十二分正確的。不過按着科學的因果律，任何結果，都是由於許多相互關係的原因造成，絕不是出於單一的原因；而且，這個結果，在另一個場合，又會轉變為他種現象的原因。所以我們必須修正關於上述那個真理的硬化形式。），好像是有一種趨向，也承認道德法律政治等等現象與制度和經濟基礎（經濟原素）是互相平等的關係，經濟並不是基礎，並不是那些上層建築的決定者。這樣的錯誤，更是不值一笑的。

末了，社會主義理論的介紹，是一件重大的事業。個人的認識，難免錯誤與不完全之處。本書深蒙探行君與時健君校訂修正之勞及本社全人贊助之誠，這是應該聲明的。並希社會一般革命人士，不吝率直指教。

一九三二，十一，二十，青驥。

英譯者導言

一

這本著作，使我們退回到六十年以前，那時，現在普遍的具有世界意義的大運動還在一種萌芽狀態。黑格爾與一八四八年的革命，就是這個運動的出發點。由於前者，我們獲得了社會主義理論的哲學方式；由於後者，我們開始了這個運動的實際行為。

在那些騷亂的爭鬥與夫充滿慘敗氣象的日子之中，我們的兩大偉人——馬克斯與恩格斯——過着不斷地放逐生活，同時以堅忍的態度，回到他們的研究工作，去確定那一切時代中最有力的文化及政治運動之方式與其理論基礎。關於這個，他們已貢獻了天才偉識及刻苦的探究能力；而且這幾種本領，他們都是十分優越的。馬克斯具有一種洞察的心力，在社會問題上，沒有一個思想家，甚至斯賓塞(註一)是能再超過他的。這個孤苦的社會主義者，由其

（註一）Herbert Spencer, 1820——1901, 英國哲學家。（譯者註。）

10　　　費爾巴哈論

長期經歷之中，養成了深刻的瞭解力；對於事物關係的把握，各種具體事項的綜合，確定觀念的勇決，在在都表現出他的不可一世之才，使自已成為獨特的人物。恩格斯是馬克斯的惟一合作者；他是一個深刻的敏銳的思想家，一個堅忍的研究者，精心的著述者。比起他的朋友來，他更富於實際問題的學識；他的忠告及庫藏，是常為馬克斯所採取的。

在一種困迫的遭遇之中，馬克斯幾乎是難於繼續工作。貧窮，不幸，同志鼓勵的缺乏，友朋同情與勸勉的無望，都叢集於他的命途之上。他的精心的著作，是寫給工人階級的；那一切絕頂的努力，從不曾為有學問的有力量的人所賞識，而且連一點被賞識的希望都沒有。許多年間，只有恩格斯是他的莫逆的朋友。當那家庭的煩瑣，環境的窮迫，壓着我們的老革命家時，恩格斯是多次地幫助了他的。

這本著作是恩格斯對於達到他們哲學結論的方法之證明；是幫同奠定社會主義的理論家對於近代社會主義的哲學基礎之闡發；牠又是一個老年人對於其平生研究的案件之最後評判。因為這樣簡短的著作，却代表着四十年間孤心苦詣努力的緣故。

正像"共產黨宣言"的挑戰作用一樣，牠是出之於青年不可忍耐的猛烈舉動，一直投向那有權威的統治者的面

英譯者導言

顏之上；這裏乃是一個廣經戰事的宿將的議論，他對於戰法如此嫻熟：首先杜絕了其他的一切出路，然後以平靜的巧妙的步調擊毀了對方理論的最後根基。

一步一步地，議論的全程被展放開來。那些久已埋葬地下的爭論者的幽靈，也漸次地出現，使我們確實知道那永遠地聯結於馬克斯思格斯之名字的學理，是怎樣地才具有其存在的形式。青年黑格爾派(Young Hegelians)條比根學派(Tuebingen School)以及費爾巴哈自己都被從那一八四八年革命送入的墳墓之中，招請出來。可是這些由德意志的立場所認為爭辨的古史，恰恰表示着英語人民的哲學思想的落後，因為那由恩格斯所剖發出的謬誤觀念，還深存於我們的時代，而那浮薄的可笑的情操，在政治的會席之上，猶得着熱烈的贊揚，在敎堂及禮拜會中，一般民衆尚在那裏誠意地默頌着。

關於本書反宗敎的部分，雖然牠是早經過去的辯論之反響，而那些辯論是在對於聖經的批判在基督敎各國部引起憤激與驚惶的時候，不過在高等的批判被人尊重以前，在虛偽的懷疑主義者猶虔誠地繼續趨赴於敎堂以前，牠仍然是異常可貴的。

並且，這本著作是寫給德國工人的；宗敎對於他們並沒有重大的意義，像對於英語人民一樣。——在後者，他們對於宗敎的信仰之熱情尚未低落。——不過由於無識者

12　費爾巴哈論

饕餐大嚼而不知可以致死的原故，宗教團體還具有一種巧妙的滿意的能力，去吸引科學的真理，延長牠們的壽命，繁殖牠們的勢力。

在這樣的境況之下，無怪乎恩格斯的議論也要激動了那些怯儒者。雖然我們還記得一個英國的社會主義的哲學家，從斯溫波先生(Mr. Sminbnine)（註一）那裏隨便摘引了一段不正確的論斷給恩格斯一個致命的攻擊，曾被人稱讚着。

其次，在恩格斯這樣一個純粹學理性質的著作之中，偶然有苛刻的評語，也引起許多人的嗟歎；但這是不足為怪的。當我們把那些聖者的浮淺的涉獵之學和恩格斯自身及其朋友們所作的切實成績一比較時，我們立刻就會感到恩格斯對於一般大學教授及假猩猩智識階級的侮蔑，並非偶然。他是為學問的自身，為真理及科學智識自身而致力於研究工作的；所以那些把學問作為獻媚的工具以安慰富人的心靈，以圖取得自己的地位及權利者，在他看來，祗應得到嘲笑的報酬。德意志哲學的庸俗化與沒落，着實使他傷心，於是那些學者便在他的筆尖之下，受了莫大的譏誚與冷嘲。"荒蕪""折衷"，便是他對於那些官家教授的學問的總批評。而且這些確切的評語，就是加在今日教導着英語人民的經濟學與哲學的學說上，及那些缺乏力量

（註一）　1837—1909，英國詩人及批評家。（譯者註）

的充滿灰氣的學說上，也是十分得當的。

在這本論著的第一節中，因為篇幅不多，恩格斯把黑格爾及黑格爾學派的功績，只作了個簡要的切當的叙述。他指示出黑格爾哲學中保守及革命的兩方面——"哲學系統"與"辯證方法"。並指出由於人們對這兩方面的性質估量之不同，保守派與革命派便各自採取了黑格爾哲學的某一部分作為爭鬥的理論根據。

那極左的一派（Extreme Left）（註一）把辯證法的運用發展開來，並且將依此而得到的哲學理論，引伸到現存政治及宗教等等組織的批判上。其結果，便是對於黑格爾哲學的抽象部分的拋棄，而於實際現象的研究上，造成了以後的長足進展。

馬克斯在少年時期，曾自黨於青年黑格爾派。這件事對於他後日的事蹟給與不少的影響。他對那些模糊字義的非難，如"資本"等字的探討，可以認為是他初次所受到的訓練。對於正反合的精熟，辯證法的深信，以及黑格爾哲學方式的表現法之不斷的運用，可以說都得自他早年的辯論經驗。而在另一方面，他的研求現實事象之耐心，相信實際知識之堅決，以及對於國會報告書統計材料之慎重引用，這幾種良好而可貴的習慣，也都要歸功於那同樣

(註一)即青年黑格爾派。(譯者註)

14　　　　　費爾巴哈論

的訓練。

　　在敘述了黑格爾哲學的派別以後,恩格斯討論到那有名的哲言:"一切實在的都是合理的,一切合理的都是實在的。"在這裏他顯示了他可驚的銳敏的論辯才能。從這句哲言,他追尋着黑格爾理論的發展,得着如下的結論:一個社會或政治現象之本質,存在於牠的過渡機能及毀滅的必然性中。因之哲學領域內,教條式的純粹主觀式的論斷,即行崩潰,以康德爲代表的舊學派漸歸破壞,而以恩格斯馬克斯爲領導者的唯物社會主義者所講授的新學說便被創造出來。

　　這個簡明歷史追述的目的,是要指示出費爾巴哈及馬克斯恩格斯哲學的來源的。隨着青年黑格爾派與保守派戰爭激烈程度之增高,革命派便退到前世紀英法唯物論的旗幟之下。這樣就大大地煩惱了黑格爾的門徒,因爲他們一向被教導着:物質只是觀念的轉化。費爾巴哈才把他們從矛盾的圈圍中,救助出來。他勇敢地抓住當前問題,棄置黑格爾學說的抽象思維於一面。那表示他的觀念的"基督教本質"一書,即刻流行各處。愛里德喬治(註一)的英譯本" Essence of Christianity ",也吸引了許多讀者。

　　恩格斯對於費爾巴哈的著作,並不吝惜相當的讚賞,

(註一) George Eliot, 1819—1880, 英國女作家 Nee Mary Ann Ervrans 之筆名。(譯者註)

也未曾忽視了他所賜與恩格斯自己及一般文化世界的影響。不過在他償還了"不可再遲延的名譽債"以後，他就開始攻擊理想的人道主義——費爾巴哈倫理學說的基礎。

雖然費爾巴哈已經達到了唯物的結論，但是他表示他自己是不能以接收唯物論為滿足的。他說談到過去，他是一個唯物論者，說到未來，他就不是了。——"退後說我是與唯物論者同意，但向前說則不然"——這個說法推動着恩格斯去考察了十八世紀的唯物論。他發現出牠的性質是純粹機械的，牠對於宇宙觀念是缺乏動的過程的考察的；因之牠是不能適合於費爾巴哈時代的哲學要求的。因為當時科學的進步，由於刻苦實驗所獲得的綜合能力的增大，以及進化學說的發展，已經使得十八世紀的觀点，現出不可遮掩的謬誤。

現在庸俗的販賣商式的學者 (Vulgarising Peddlers)，又在恩格斯大大地誨蔑之下了。他們就是那俗流的唯物論者——混亂的無神論者，他們並沒有正確的科學智識，他們只是隨便掇拾一点口頭式及普通式的著作，來運用科學上的進步以為打倒創造主及通常宗教的工具。恩格斯所以嫌厭這一類人，主要的是由於他們不是真正的科學家，而是那搬運冒牌科學貨物的商人。他稱他們的職業為商業，就是這個意思。那曾經盤據英語國家講壇的一般現世論者，也屬於這個典型之中。布瑞德拉夫（註一）及印根素爾（註二）就是他們各方面的良好代表。這一般現世論者，現在已失却活動能力，就連那些曾經轟動一時的自由思想團體，也煙消雲散了。隨着恩格斯所發揚的理論之進展，他們就歸於毀滅；他們的教訓，對於社會進步可以說毫無功用，他們一方面於近代思想上不能有科學價值的供獻，他方面，正如恩格斯所小心的指示，對於歷史的研究也缺乏正確的把握。他們所充分表現的：只是一個無能——一個缺乏歷史發展理論的合理觀点的無能。

在這本著作的第三節中，恩格斯處理了一個有趣的問題。這個問題，澈現在還麻煩着許多哲學家，就連唯物論者的陣營裏，也還發出各種的爭持。那就是宗教對於社會進步的影響問題。費爾巴哈以爲歷史上社會進步的時期，常以宗教改革爲標記。他以"人類之愛"的意義來釋宗教，並且將此意義附會於宗教的拉丁字源''Religare''（聯結）以支持他的理論——這正是恩格斯所詛咒的論辯詭計。歷史上大革命伴隨宗教改革的一個意見，據恩格斯所宣布，除去一些特例，如世界三大宗教——基督教，回教，佛教的場合以外，一般說來，並不見得是正確的。

恩格斯接着說：宗教改革伴隨着經濟政治革命這一命

(註一) Bradlaugh Charles, 1833—1891, 英國自由思想家。（譯者註）
(註二) Ingersoll Robert Green, 1833—1899, 美國律師。（譯者註）

英譯者導言

題，在資產階級反叛時期，就失掉意義，因為這樣的反叛，對於宗教並沒有任何的祈求。這種說法，並不一定完全真實。在英語國家之中，不僅是資產階級，即連無產階級的運動，也常有引用"基督經典"以証明自己行動的事件。"聖經"的教訓，"山上的誡語"，革命政黨是不時藉以自助的。基督教派社會主義者，在英美兩國甚且允許其參與國際會議。宗教隨着無產階級的運動而進展也是有史可稽的。

不過就廣義的意義來說，恩格斯却是毫無疑問的正確。無產階級運動，並不像資產階級一樣，會產生有何種有確定意義的宗教學派，他們也未曾把宗教的特殊團體當作是屬於自己階級的。事實上恰恰相反，教會與勞動者間的裂痕，日趨於深刻擴大，二者相互衝突的情況，不絕地哀嘆於宗教報紙。那最有名的"教皇對於工人的告誡"就是想拉攏大衆於教堂之中的；牧師們領導下的"職業同盟"的組織，是教皇告誡的當然結果。然而這些宗教的活動，絕不能代表工人運動的意義，事實上他們正被社會主義者所領導的正常的無產階級運動，與以堅決的反對和摧毀呢。

費爾巴哈所贊頌的人道主義的宗教，恩格斯以半譏笑半嚴厲的態度擊成粉碎。因為他說費爾巴哈的那種觀念，只有在証券交易所(Bourse)才可完全實現(註一)。恩格斯關

(註一)參看正文第三節。(譯書註)

18 費爾巴哈論

於純粹人道主義宗教之無力的灼見，是十分令人欽佩的；雖然超過於費爾巴哈時代的四十年新加經驗，使他更有利地估計了人道主義宗教對於人類影響的價值。事實上，我們也確實看到費爾巴哈以後許多基於"愛"的宗教，已經被人實驗過，可是沒有一個是成功的。實証論（Positivism）的宗教方面的主張是失敗了；雖然牠曾經乞求得一部分人的同情，這些人中，也有有能力的，並且作出相當的成績。但是就正常的宗教意義說，實証主義的信徒，不能不承認他們宗教的失敗。兄弟教會（Brotherhood Churches）人道教會（The Church of Humanity）人民教會（The People's Church）及其他相類的組織，都是被建築在同樣人道主義基礎之上的。牠們標榜着以極少量的信條，培養出極大量的愛心；但結果也不曾感動一般的男女。通神學（Theosophy）本是東方基於空洞的"四海皆兄弟"之義的神秘思想，也曾經樹起旗幟以廣汎的人道主義來招引當時人的視線；可是，這些人道主義的宗教，沒有一個呈現了滿足時代需要的機能。這個時代好像對於人道主義是一點要求都沒有的。現在，宗教幾巴淪亡，僅有那死板的教條，求訴於盲目信仰的教條，還殘存於時代的洪流之中；然而牠也再沒有能力去吸引牠的無產朋友了。

恩格斯的議論，已由今日的事實十二分地証明了。當無產階級在意識領域中造成新的宗教以代表自己的要求時，他們却更加感覺到由宗教旗幟下解放自己的必要，而代之以現實的道德及科學的敎訓。因此有人告訴我們：柏林曾經參加各種禮拜會的工人階級，其中六分之五，現在已坐於社會民主黨的大廳之內，聽着該黨社會主義的講演。

費爾巴哈哲學的革命性質，並未保留於他的倫理學說之中。正如恩格斯所說，他的倫理觀念是和他以前的人相差不多的；因爲那倫理的根基一樣是空洞的不實在的。他不是一個現實倫理的敎導者；他自己沈溺於抽象的泥坑中而未能抓到任何的實際。

在這本著作的最後一節，恩格斯放棄了費爾巴哈的批判，直接叙述出自己的哲學。

他以大公無私異常謙遜的態度，把歷史唯物論的觀點歸功於馬克斯。自從這個理論的觀點第一次被發見以來，他就繼續不斷地致力於這個偉大學理的解釋與証明；當他著作此書的時候，已經越過了四十個寒暑。那第四節第一頁上的脚註就是一個証明——一個和他的天才的同志合作的証明。同時又是一個例証——一個難能而可貴的對於朋友的贊頌對於自己的謙遜的例証。不過這裏我們相互合作的偉人，也並未顯出假猩猩的過於自抑。牠只是活鮮鮮地表示出這兩個生在憂患中的漂泊者，品格是怎樣的崇高，目的是怎樣的眞誠罷了。

馬克斯主義的歷史哲學已由恩格斯淸淸楚楚地叙述出

20　費爾巴哈論

麥，用不着再費辭句。這裏所要提示於大家的，是關於馬克斯主義歷史哲學發展中之硬化的解釋，以及由於經濟條件重要性的誇張，而造成的固執生硬的經濟決定論。

當我們詳細檢查恩格斯對於唯物論的史觀所作的主張時，我們就會發現那是毫不含有一種極端的性質，像後來社會主義理論家及領導者所得的結論一樣。誠然，最近關於經濟條件影響宗敎政治現象的研究，已經集有大量的材料，可以充分証明經濟現象對於一切社會活動之可驚的作用了。然而在這新園地內的探討，結果會引到對於經濟要素之價值的誇張估計，這實在是大有可能的。

馬克斯在他批評費爾巴哈的簡短草稿中，有一條這樣說着：當"唯物論學說認為人是環境和敎育的產物，因此人的改變是環境和敎育的改變之結果；却忘記了人是可以改變環境，而敎育者自身也是要受敎育的。"正像其他問題一樣，這裏的問題至少也包含兩種原素：並不僅僅是一個環境的問題——經濟及其他外的現象的問題；乃是人與環境間的問題——牠們相互聯繫的問題。人們在環境中生活，並未解體於環境，他只是以一個獨立實體的形式而存在着。他對於環境，環境對於他，是相互聯繫相互作用的。

不過拉發格 (Lafargue) 却持着一個不同的觀點。當他與耶雷(Jaures)(註一)爭辯的時候，他認為經濟的發展是社會進步的唯一決定者。他宣布經濟決定主義——經濟決定論。他把歷史的全程，人類的一切主要動力，都歸到一個原始動機。貝克斯（Belfort Bax）——英國有名的社會主義者——對於這種決定論的觀點，曾給以巧妙的批判。他把牠比之於蘇格拉底以前的希臘哲學家的學說——亦圖歸結一切自然現象於某一種原子。他的言論，非常切當。我們現在摘引來一段，那是發表於"一個新觀點的見解"（Outlooks from a New standpoint）題目之下的。

"亦圖以單一的原素去說明人類生活的全部，使一切歷史都歸原於經濟基礎，這實在忽略了下述事實：任何眞實存在的東西，都具有物質及形式的兩方面——牠最低限度，也包含着兩個元素。因為所有的實在，就其別於抽象而言，常是包含在"合"（Synthesis）的形式之下的。如果一定要說具有豐富內容的人類的生活之許多方面，都只是某一要素的展開，那就不管這個要素是怎樣的重要，總使我們回憶到那些蘇格拉底以前的古希臘哲學家的亦圖：把實在的宇宙，歸結於某一種原子如水或空氣或火等等那一個事實。"

接着又說："文化的道德的及藝術的活動方式，我充分地承認是決定於社會的物質條件的。由那一定的社會，

（註一）Jaures Joseph Jeaw 589, 1—1914, 法國社會主義者。他以為人類的歷史，不僅由生產力之發展來推動，正義，眞美要等等理念也是在推動歷史的。（譯者註）

牠才得到一定的形式。不過牠也要同樣地被決定於產生牠的那些基本的心理傾向。"

費瑞(Enri Co Ferri)——"代表會"中一個最負盛名的意大利籍的會員,並且是一個犯罪學者。——關於這個問題的意見是與貝克斯一樣的。他在他的最近被譯為英文的名著"社會主義與現代科學"一書中曾這樣說着:"任何現象和任何制度——道德的,法律的,政治的——是經濟條件及那不斷變化的自然及歷史環境中的各種條件的結果,這是十二分地正確的。不過按着科學的因果律,任何結果都是由許多互相關聯的原因造成的,絕不是出於單一的原因的;而且這個結果在另一個場合,又會轉變為他種現象的原因。所以我們必須修正關於上述那個真理的硬化形式。

" 正像個人的一切心理狀態是自己機體及其所生活的環境的結果一樣,一個人羣的社會意識狀態也是由那種族的機體組織及其所處的環境造成的;因為種族及環境等等又是經濟組織的決定原因——生活物質基礎的決定原因。"

這兩個人的言論,可以說是和經濟決定論的觀點針鋒相對的良好代表。

這個辯論的全部,占領着極寬廣的地面,包括了許多書籍。其最重要的結論,已由塞裡曼教授(Prof. Seligman)概述於他的"歷史的經濟解釋"之中了。他的著作,在這

英譯者導言

個題目上，比起我們慣受教訓的官僚學者，表示出更切近於更明白於社會主義哲學的理論。——這也可見馬克斯偉大工作的價值，已在這些教授的昏迷研究之中得到了贊頌。恩格斯著作中的兩段文字，由塞理曼摘引出來；這兩段文句鮮明地證明：恩格斯絕沒有企圖着那個極端的決定論，而且相反，他的一般觀點是和那些理論完全不相合的。

我們所以要摘引那同樣的兩段文句，一方面是為的更清晰地說明恩格斯的觀點：一方面也為着更深刻地解釋恩格斯在這個著作最後一節的立論地位。

牠們原是一八九〇年寫給"社會主義者雜誌"的許多節目中的一部分。茲將其原文譯錄如下：

"馬克斯和我應該對於現在的青年人們過於看重經濟原素的事實——給經濟以超過於其所應得的價值之事實，同負着相當的責任。為着應付我們的反對者之攻擊，那由他們所否認的主要理論，實有提起注意的必要。只愧我們過去也不常有時間地方及相當機會，來讓那互相影響互相作用的其他原素，各得着相當的地位。"

在他給同一雜誌的另一封信中又說：

"依着歷史的唯物觀點，歷史的決定原素乃是物質生活的生產與再生產。過乎此，我和馬克斯都沒有再肯定過什麼。如果有人硬要歪曲這話，說經濟的要素便是唯一的要素，那他就把這正確的理論博為一個無意義的空洞的並

24 費爾巴哈論

且是謬誤的術語了。經濟條件只是基礎；在這上面各種屬於上層建築的要素——階級鬥爭的政治方式，法律關係的各種組織，以及在當事人頭腦中所反映出的這些實際鬥爭的各種意識狀態，政治法律等等學說，宗教觀點——所有這一切的要素，對於歷史鬥爭的發展，也各給以相當的影響，在許多場合甚至是決定他們的方式的。"

現在我們應當離開這個複雜問題的討論了。因為對這個問題無論怎樣討究，在此也毫無用處。這個問題的最高形式，本只是無謂的詭辯。因為事實上，就連那些極端的決定論者，也並未固執着無產階級運動中的宣傳家及新聞紙類，也只許依靠着經濟立論。不過如果有人定要對於這個問題作無窮期的追究，那他自然也可以找到許多文獻許多材料。

關於歷史進化的基礎問題，馬克斯的觀點，無疑的已改變了各個大學歷史的講授態度：雖然僅有少數的教授才肯以摯誠的心意把這個功勞歸給於他。一般的歷史研究者也注意到經濟要素的重要了；可是真正發現這個要素的人，還常被人忽視，而他所發現的結果，又常被人參以合於自己意志的雜質。——這就是英語國家學術機關的特性。

資產階級學者論及社會主義時，常以自滿的態度說着：馬克斯是運用辯証法研究的。這樣籠統的說法，對於普通的讀者是何等地難於明瞭？因此，對於社會主義著作者

英譯者導言

所使用的辯証法，尚有略加解釋的必要。

因而這個著作的第一部分是非常可貴的。牠指出馬克斯及恩格斯所講的辯証法是具有怎樣的一個意義；並且說明他們所加於辯證法及他們以前的時代用於哲學歷史及經濟學中的普通方法之比較的估價。

至於對辯證法的更完滿而詳盡的定義，恩格斯在回答杜林（Eugene Duhring）那有名的"科學的變革"中曾經說出。在同一著作裏，他對於社會主義運動唯物哲學的源泉也作了通澈的堅苦的探討。因爲他的對敵者的榮譽給他以深刻的刺激，使他現露出從未表示過的偉大才力。那理論的一部分——思想進程的概括形式，被再版於"從空想的到科學的社會主義"書目之下。其與原文所異之點，祇是後者減去了冗雜的論辯。我們以下所摘引的數段是一八九二年登載於"人民"雜誌的譯文：

"在更精密地觀察之時，我們可以看到某種對立物的兩極，例如正面與反面，既相對立，同時又是一樣的不能相互分裂，而且無論怎樣對立，牠們還是相互浸潤；同樣的，原因與結果，祇是種觀念，牠們本身只在應用於個別的塲合時，才有意義；可是我們如果從其對於整個世界的總連繫上來研究這些個別的塲合，那麼這些觀念，就互相並行，溶解於整個世界的交互作用之中；在這中間，原因與結果，互相交替，所以現在在此地是結果的，在別一地方，在別一時候，就是原因了。反過來看，也是如此。

"一切這樣的過程，這樣的思維方法，是不能裝入於形而上學的框子內的；又之，辯証法在本質上，對於一切事物及其邏輯的反映觀念，是從牠們的聯繫上錯綜上運動上生滅過程上去理解的——在辯証法看來，上述的現象，正是爲辯証的方法作辯護的証據。自然成爲辯証法的証據，我們應該感謝近代自然科學，因爲牠對於這個証明供給了極豐富的而且日益增加的材料；由此証明，在自然界中，一切事物的進行，終竟是遵循着辯証法，而不是遵循着形而上學的見解；牠並不是兜着永遠同一的循環圈子，而是走着歷史進展的路線。"

"這個新的德意志哲學，至黑格爾而登峯造極。在黑格爾的體系中，整個自然歷史及精神的世界都被看作一個過程——即永恒的運動，變更，轉換及發展的過程。他企圖証明那存在於這些運動與發展中的內在聯繫。——這些都是黑格爾學說之偉大的功績。從這觀點上看來，人類的歷史已經不再是無意義的暴力的野蠻混亂狀態了。這種暴力，在當時已經成熟了的哲學理性的法庭之前，是一概應受申斥的，是愈早能忘却愈好的。歷史成了人類本身發展的過程。現在思想家的任務，即是在於從一切邪路上，追蹤着依次發展的行程，並在一切表面的偶然性中，規定一切過程的內在的規律性。"(註一)

英譯者導言

克爾考普（Kirkup）在他的"社會主義史"中，關於馬克斯所用的辯証法的研究，作了如下的論述："在馬克斯的體系內，牠的意義，在於追求事物間歷史進展的聯繫與結連——怎樣社會從一個階段發展到另一個階段。因為人類生活及歷史的形式與實質，並不是固定的機械的事物，而是在永恒變化中的動的過程。所以發現牠的內在規律便成了科學的任務。"

譯者（註二）已盡可能的範圍，把原著的思想，表現為簡明的英語，一般說來，專門名詞是在避免之列的。

　　　　　　　　　　　　黎威奧斯丁（Austin Lewis）.

（註一）上三節文句，引自吳黎平譯"反杜林論"中；特誌，以示不敢掠美。（譯者註）

（註二）英譯者 Austin Lewis自謂；非中譯者。（譯者註）

著者序言

在一八五九年柏林出版的"政治經濟學批判"序言中，馬克斯叙述着我們兩人於一八四五年，寄居不魯塞爾（Brassels）時，怎樣地計劃去共同找出我們的觀點——那就是馬克斯所發展的歷史的唯物哲學——和德國的觀念哲學間的衝突。事實上，也就是以我們現在的哲學智識去和牠比較比較。這個計劃，後來在對於黑格爾以後哲學之批判的形式中實行了。那兩大八開本的草稿，當我們聽說因為環境的變遷不能允許牠付印時，是早已送在那約定的出版地點維斯特費里亞（Westphalia）了。不過我們也十分願意讓這本草稿的出版時期，無限地延遲下去，因為我們那時已經達到了我們的目的，已經明白了我們自已的哲學地位。

迄至現在，已過了四十餘年，馬克斯也與世長辭了。我們都不曾有着機會再談及那個問題。說到我們和黑格爾的關係，在許多處所我們還解釋過，只是從未作了綜括的

著者序言

敘述。至於對費爾巴哈，在黑格爾和我們中間站着接連地獃的費爾巴哈，則是絲毫未曾提到。

在這期間，馬克斯的哲學，在德國及歐洲的境域以外，甚至在一切文明世界的文字中，已經找到了擁護者。另一方面，德國的古典哲學，在國外也有一種復興的氣象，尤其在英倫及斯堪的納維亞牛島。就是按德國說，那由各個大學以哲學名義所分給人們的折衷主義的淡薄羹湯，也已漸漸地為牠們所代替了。(註一)

在此種情況之下，簡短地扼要地把我們和黑格爾哲學的關係解釋一下，我們怎樣地從牠出發，怎樣地又離開牠，這對於我是十分必要的。同樣，費爾巴哈在所有黑格爾以後的哲學家中，對於我們少年狂熱時期的影響是最大了，這些影響的正式承認，在我也是一種不可再遲延的名譽債務。所以，當"新時代"雜誌要我對於斯達克(Starcke)評論費爾巴哈的一書作一次批評的檢討時，我就不遲疑地抓住了那個機會。我的論文是登載於該雜誌的一八八六年四五兩期中的，現在又集為此編，出而問世。

在未付印此稿以前，我曾經把一八四五至一八四六年的舊稿搜尋出來，檢查一番。關於費爾巴哈的一章，是未完稿的。其已成的部分包含有歷史唯物的解說，也只証明

(註一)德國在黑格爾死後，曾經有個時期折衷派哲學佔了優勢；現在折衷哲學已現衰落，而古典哲學又有復興之傾向。(譯者註)

30　費爾巴哈論

我們當時的經濟智識是如何地不完全。至於對費爾巴哈的理論批判，更付之闕如，這對於我們現在的目的，是不相宜的。另一方面，我在馬克思的一本舊著中，發現出關於費爾巴哈的十一條論綱，現在作為附錄印在這裏。這些急忙中的草稿，原是留待後日研究的，絕沒有付印的意思；然而牠乃是異常可貴的最初文獻，在牠裏面滋長着新哲學的天才萌芽。

　　　　佛蘭德瑞克・恩格斯
　　　　　一八八八年二月二十一日於倫敦

費爾巴哈論

一 從黑格爾到費爾巴哈

我們眼前的這本書（註一）即刻引導我們到了一個時期。這個時期就時間計算，前於我們不過四十年的光景；但對於德國的現在一輩人，生疏得就如同百年前一樣。那就是德國對於一八四八年革命的預備時代。自從那個革命以後，所有發生於我們周遭的事情都是一八四八年精神的廣續，都是那個革命遺志的發揮與執行。

正像十八世紀的法蘭西一樣，十九世紀的德國，也是

（註一）"費爾巴哈的特質" 哲學博士斯達克 (Starcke) 著，一八八五年司徒嘉德 (Stuttgart) 恩克書局 (Ferd Encke) 出版。新時代雜誌編輯部要求我批判斯達克這本書，我認為應該利用這個機會來概括地敘述德國由黑格爾到馬克斯這一段思想上的進化。在這段進化中，費爾巴哈是一個中間環。（恩格斯註）

32　　　　　費爾巴哈論

由於哲學觀念的革命，引出了現存政治上的破裂。但是這兩個的表現方式，是如何地不同啊！法蘭西的哲學家，對於傳統科學，對於教會，時常對於政權，都採取着公然的鬥爭。他們的著作，是在國境外的荷蘭及英倫等地印刷的，他們的身體，是多次地被監禁於巴士的獄之中的。反之，德國的哲學家，乃是學府的教授，國家任命的青年導師；他們的著述，乃是公認的教科書；那給各方面都開着新紀元的哲學體系——黑格爾學說，竟曾被寵視為普魯士王室政府的哲學。但在這些哲學家自身及其佶屈敖牙晦澀難明的言詞之背後，豈不充滿着革命的熱潮？然而那些被尊為該時代革命的領導者——自由黨，反而正是這些昏人頭腦的哲學的堅決反對者呢！不過那政府的人員及自由黨所未看出來的東西，在當時至少已被一個人看透了，那人便是海涅。(註一)

<small>黑格爾的辯証法及其革命性</small>　　現在我們舉例來証明。從來沒有一個哲學言論，能騙得狹隘性政府的恩寵，激起同樣狹隘的自由黨的惱怒，像黑格爾那名言一樣："一切實在的，都是合理的；一切合理的，都是實在的。"這顯然是對於一切已存事物的擁護：給

(註一)　亨利海涅(Heinrich Heine)在一八三四年刊行的"德國宗教及哲學史"中說着："我們的哲學革命完成了，黑格爾終結了這個革命的偉大境界。(譯者註)

一　從黑格爾到費爾巴哈

專制政治、警察國家、獨斷司法、及出版檢查以哲學上的說明。威廉第三和他的臣屬對這個理論就是這樣解釋的。不過按照黑格爾的意思，並不是一切現在事物，沒有例外地都是實在的，那實在的特性只屬於那些同時顯着必須性的事物。因實在在其發展的過程中，表現為必須或必然。因此任何政府的條例——如黑格爾自己所舉出的某種"稅律"，絕不是都經黑格爾毫無疑義地認為真實。但是顯着必須性的事物，同時也顯着合理性。以之施之於普魯士政府，黑格爾的學說便是：在其是必須的範圍內，這個國家反映於理性上，是合理的；如果牠對於我們呈現出是罪惡的，可是牠仍繼續存在着，那麼，政府的這樣罪惡，就要找尋其原因與解釋於臣民的罪惡之中。當時普魯士人民所有的政府，實在就是他們所應該有的。

不過依據黑格爾的意思，實在這一個屬性，並非承認在一切時候一切條件之下，任何特定的社會政治現象都可具有的。恰巧相反，羅馬共和國是實在的，代之而起的羅馬帝國，同樣也是實在的。在一七八九年的時候，法國的君主專制已轉變為非實在的，那就是因為牠喪失了必須性或必然性；牠和理性起了衝突。因之，牠必須毀滅於大革命（The Great Revolution）之下。關於這個大革命，黑格爾是不住地以十二分的興奮談論着的。這裏，我們看見君主專制是非實在的，革命成為實在的。所以順着進展的過程，早先的實在，必轉變爲非實在，喪失了必須性及必然性，失却了存在的權利與合理的價值。在死的實在的葬鐘聲中，新的充滿力的實在，代之登台。如果舊的事物自知其必將毀滅而視死如歸，新舊交替便出之和平方式；如果舊的事物不自度量而頑抗必然的趨勢，那麼激烈化的戰爭，就來盡產婆的責任。於是黑格爾的名言，由其辯証法的邏輯，達到了相反的結論——在人類歷史過程之中，一切實在的事物，隨着時間的進展，變成不合理的。也就是依其必然的命運，變成不合理的。牠在其爲實在的時候，早就蘊蓄着合理性的先天缺乏。另外一方面，在人們意識裏所認爲合理的事物，是必然地要轉變爲實在，不管牠對於當前環境中的現存實在，是怎樣地具有相反的性質。於是"一切實在的，都是合理的"這個命題，依着黑格爾的思惟方式化解爲"一切現在的，都是必須消滅的"的另一個命題。

這裏，就存在着黑格爾哲學（牠乃是康德以來各陣進步的總歸結，我們的叙述，暫以牠爲限。）的真正重要性及其革命的特質。牠一舉擊破了人類思想及行動之結果的固定意義。哲學領域中所追求的真理，依着黑格爾，並不是已成敎條式的論斷之搜集，把那些曾經發現了的東西背得爛熟就算了事；牠乃是隱藏在智識過程自身之中——學問的歷史發展之中，從低級的智識，進於不斷地較高級的智

一　從黑格爾到費爾巴哈

識，永遠不能達到所謂絕對眞理的境地——在那裏，學問不能再進，智識無從增加，他們除過抱膝而坐，去咀嚼那已得的絕對眞理而外，是再不能有所事事了。正像哲學領域中的智識一樣，其他一切種類的智識，甚至實際生活方面，亦無不如此。同樣，歷史與人類智識，亦無二致，也不能達到牠的結局，實現出一個圓滿無缺的人類理想境界。完美的社會，十全的國家，只是存在於人類頭腦中的幻想。事實上，一切連結的歷史境況都是人類社會從低級進到高級，無限進展的遠征途中之各個階段。每個階段，對於產生牠的時代及環境，都是必須的有用的。但是在牠的胎包之中，漸漸發生出一種新的更高的條件，於是牠就轉變為無力的，不能支持的，讓位於那個更高的形式。而這個更高的形式，也要和牠一樣，又趨於沒落與毀滅。這樣，恰如近代有產階級，以其大工業、競爭、及世界市場的勢力，破壞了一切固定的被人尊崇的制度一樣，辯證法的哲學，毀滅了一切關於絕對眞理的學說，及其相應的關於人類絕對完美境地的幻想。在辯證法的哲學面前，確定的絕對的神聖的事物，都不存在；一切毫無分別地被視為要必然毀滅。在辯證法的哲學面前，一切都不能存在，除過那形成和毀滅的不斷歷程——從低級進到高級的無限發展。這個無限發展的歷程，在思想家頭腦中的反映，就是這個哲學自身。這個哲學固然也有其保守的一面，因為牠承認人類智識及社會的一定階段，是有其相適合的時代與環境的條件的；然而他的承認也僅止於此。這個哲學觀點的保守性質是相對的，他的革命性質却是絕對的；只有革命是他所承認的唯一絕對。

現在我們用不着去討論究竟辯證法哲學和現在的自然科學狀態，是否完全相合。這些科學曾經預告着地球可能的末日及其可居住性的終結，因之他也承認人類歷史中，有上昇及下降的兩個階段。不過無論如何，我們自覺距離社會歷史的衰落轉灣點，還是很遠，我們不能希望黑格爾哲學去處理當時尚未放在科學的議事日程之上的題目。

黑格爾學說體系與辯證法的衝突　這裏必須聲明：黑格爾哲學的發展，在黑格爾自己，並未有像上述那樣清晰的表示。那只是黑格爾思維方法的必然結果，而且這樣結果，黑格爾也並未明顯地表出。理由極簡單：因爲黑格爾要創造一個哲學體系。而每個體系，按照普通的要求，必須歸結於絕對眞理的確定。因此黑格爾雖在其"邏輯"中宣告着：眞理不是一切事物，乃是邏輯，乃是歷史過程的自身；然而他爲着哲學體系，爲着達到一個終點，遂不得不停止了當初所承認的發展過程。當然，他可以把這個哲學體系的終點，再作爲"邏輯"上的端初——那結論的絕對觀念（當他沒有方法去更清楚地說明時，才是絕對。）外化於自然界轉變了自己，接着又化生於精神界——思想及歷史之中，遂再轉回到自己。但是在黑格爾哲學全體系的分析上，這樣由終結轉到端初，只有一個方法是可能的：那就是承認人類一達到絕對觀念的認識，歷史即刻停止，而黑格爾哲學，已經認識了這個絕對的觀念。在這樣情況之下，黑格爾哲學關於絕對真理的武斷內容和他的辯證法——與一切形而上學方法斷絕瓜葛的辯證法，相互衝突起來。由此他的哲學的革命方面，就被窒塞於死板的保守成分之下了。在哲學智識領域內是如此，在歷史實踐的範圍內亦無二致。人類像黑格爾這樣一個人，已經達到獲得絕對觀念的地步，那麼歷史的實際，也必須達到以實現絕對觀念為職志的時候。抽象觀念的現實政治要求，對於黑格爾同時的人，已經是不能再遠地拖遲下去了。於是我們在法律哲學（ the Philosophy of right ）的結論中看到：絕對觀念就實現自己於"君主立憲"的政治形式之中——威連第三所刻薄地空泛地允許於他的臣民的政治形式之中。這樣在適合於德國多數小產階級的要求之下，一個有限制的，溫存的，有產者間接的統治之下，貴族存在的必須與必然，以一個極圓滑的方式表示出來。

哲學體系的造成與應用，很夠說明：為什麼一個十足革命性的思惟方法，會得到那樣馴柔的政治結論。這個結論的特殊形式，發生於下述事實：黑格爾是一個德國人，

38　　　　費爾巴哈論

他和同時代的哥德一樣，都帶着幾分法利賽人（註一）的偽善色彩。雖然哥德和他，在自己的領域內，無殊於奧林比亞山的休斯（Olympian Zews）（註二），可是他們都沒有十分脫離了德國偽善主義者的原形。

| 黑格爾學說體系之偉大與哲學的毀滅 |

不過這樣事實，並不妨碍黑格爾的哲學體系之扮演了大於一切早先體系的脚色。從那體系內所展開的豐富思想，就在今日，亦還令人震驚。精神現象學（可以看作是平行於精神胚胎學及精神化石學的一種科學，牠描寫個人精神狀態進展的各種階段，並將此階段視作全人類意識進展的歷史的縮影），邏輯，自然哲學，精神哲學，後者又依其歷史詳情，分爲歷史哲學，法律哲學，宗敎哲學，哲學史，及審美學等等——在這些各種不同的歷史區域之中，黑格爾披荆斬棘，發現並證明那進化線索；而且他不僅是富有創造能力的天才，同時還是百科辭典式的學問家，所以無論他在何處出現，都會開着新紀元。爲了完成體系的必需，他不得不時常隱匿於武斷式的理論創造

（註一）法利賽人本是古代猶太一種敎派的信徒，他們反對耶穌基督，並慫慂長官將他釘死於十字架上。現今以偽善者之意使用（譯者註）

（註二）奧林比亞山是希臘神話中諸神聚居之地。休斯是諸神之主。（譯者註）

一　從黑格爾到費爾巴哈

之下。關於這些創造，他的低能的反對者，就是現在，還是煩惱不休。不過這些只是黑格爾哲學的外殼，如果不遲疑於此地而毅然升堂入室，則將發現無數寶藏，在今日尤陸離奪目，不減當年。至於一切哲學家的哲學體系，皆發生自人類心靈的一種永久要求——一種泯滅矛盾的要求；但在人類不斷進展的過程中，這種體系是鑄定地要歸於消滅的，因為假定所有矛盾即刻化為烏有，我們便算達到了所謂絕對真理，歷史也必須停止了牠的脚步；然而歷史雖是從此無事可做，牠却終不得不走向前去。於是一個更新的更不易解決的矛盾就擺在眼前了。這樣，一旦我們覺察了——關於這個覺察，沒有一個人幫助我們像黑格爾那樣大——從前委之於哲學的事業，無殊於把全人類在牠的無限發展過程上始能完成的事業，責求之於單個哲學家；一旦我們明白了這個，現在意義的哲學，就到了壽終正寢之時。人們棄置了那不能由個人獲得的絕對真理，追求着由真正科學所可賜與的相對真理，並且運用辯証的思維方法，去編制整理科學所得的結果，使之成為體系。同着黑格爾的死亡，宇宙哲學底於絕境。這一方面由於他的體系包容了哲學的最大可能限度的發展，另一方面由於他的啓迪，使我們得跳出"體系的"迷宮，走到真正科學的世界，雖然他自己並沒意識到這個。

　　在飽染哲學色彩的德國，黑格爾學說所掀起的巨大影

40　費爾巴哈論

響，人們不難想像。這樣的勝利，一直繼續到十年；黑格爾之死，也未能使牠稍形消沈。而且相反，從一八三〇年至一八四〇年，黑格爾主義是絕對無上的，在某種程度以內，甚至克服了他的反對者。同時，黑格爾的觀念也有意識地或無意識地侵入了各種自然科學，飽含於普通文學及一般有閒階級探取自己心靈的滋養料的日報之中。不過這樣全部戰線的勝利，只是自己陣營內分化的序幕。

黑格爾學派的分裂及左派的革命性　黑格爾的全部學說，如我們所見，包羅廣泛，使各式各樣的實際問題的見解，都能在牠的內部得到發展的餘地，所謂實際問題，在那時德國的理論界，只含有宗教政治兩件事。凡是着重於黑格爾哲學體系的人，在這些實際領域中，都持着溫存的保守態度；凡是着重於辯証法的人，則在這些宗教及政治的事件上，都屬於極端左派。黑格爾自己，雖然在其著作中，常有革命情緒的暴發，但就全體說來，他是偏向於保守方面的。他的學說體系，比起他的方法，是更多地費了他的心血的。在十九世紀三十年代的末葉，黑格爾學派的分裂漸加深刻：左翼的青年黑格爾派，在其與虔誠的正教戰爭之中，漸漸地棄掉了黑格爾哲學對於當時的迫切問題所持的態度——那種得到政府寬容及保護的穩健態度。及至一八四〇年正教虔誠派與專制封建反動派隨着威廉第四一同登極之時，黨派式的公然攻擊，遂成為不可避免的了。這種攻擊雖仍以哲學為武器，但他不再限於抽象的哲學範圍，他們已是挺身而前去否認那統治的宗教及現存的政治了。在"德國年報"之中，那些實際目的雖猶以哲學的成語為其表現的外衣，但在"萊因新聞"上，青年黑格爾派已拋棄了那些隱蔽形式而公然地作着戰鬥急進派（五註）的哲學之代言人。其所以仍用哲學的假面具者，只是為了避免政府的檢查而已。

不過當時政治領域，是一個極棘手的地方，所以主要鬥爭集中於宗教問題。但是這個宗教範圍內的接觸，也是一種間接的政治鬥爭，這在一八四〇年以後，尤其明題。一八三五年施特勞斯（Strauss）的"耶穌傳"出世，便是這察戰爭的導火線。耶穌傳中所展開的關於福音神話起源的議論，後來為鮑爾（Bruno Bauer）所反駁，他舉出新的例証，以為福音故事的全部，都由那些作者創造出來。他們中間的鬥爭，藉着哲學的名義，實行着心靈與物質的衝突。福音中的奇異故事，究竟是由於社會內的無意識的神話過程所完成，抑或是由於那些福音者個人所創作，這樣一個問題，擴大為在人類歷史中心靈與物質二者究竟誰是決定者的另一問題。最後走出了斯丁納爾（Stirner），近代無政府主義的先聲——巴枯寧（Bakunine）剽竊了他的許多東西——他以其個人無上權力的意見，抬高了意識的

（註五）戰鬥急進派事業與青年黑格爾派。（譯者註）

無上權力。

左派回到十八世紀的唯物論

我們無須再繼續討論黑格爾學派解體的這一方面了。在此地更爲重要的是：最堅決的青年黑格爾派，由於他們與統治的宗敎鬪爭的必需，退回到英法的唯物論。這樣他們與黑格爾哲學體系，根本起了衝突。因爲依着唯物論，自然是唯一的實在；而依着黑格爾的哲學體系，牠却不過是絕對觀念的"離異"——絕對觀念的"墮落"與"俗化"。總而言之，思想及其產物——觀念，按照黑格爾的觀點，呈現爲本源的；那由觀念變質而生出的自然，則呈現爲派生的。於是在這樣的矛盾圈中，他們如墮入雲霧，只好瞎撞。

衝出矛盾圈的費爾巴哈

接着，費爾巴哈的"基督敎本質"出世。一擊之下，牠砍破了矛盾圈圍，不容分說地再扶持唯物論於王座之上。自然是獨立地存在於一切哲學之外的，我們是牠的產物，牠是我們的基礎。人與自然之外，一切都不存在。我們的宗敎想像所創造的上帝一類東西，只是我們個人的幻想式的反映。一切無謂的鎖棘被砍斷了，哲學體系被棄掉而破壞了。矛盾自身，旣然牠只存在於想像之中，於是被解決了。那些曾經親自感到此書的解放力的人，必然易於抓到更淸楚的觀念。那種熱情，曾普遍各處；我們當時都是費爾巴哈的信徒。至於馬克斯對於這個新的觀念是如何地贊賞，他受

一 從黑格爾到費爾巴哈

到的影響是如何之大（雖然他對她也作過相當批評），人們可以在"神聖家族"中讀到。

這本著作的缺點，更增加了她一時的影響。那文學的，感性的以及過於舖張的文體，使她得到了許多的讀者。在多年的抽象而又難解的黑格爾主義統治之後，她對於人們也確乎不曾不是一個正常的解放。這樣獲得群眾歡迎的結果，他方面也是由於對仁愛的讚揚所致。仁愛在當時純粹理性的不可忍受的威嚴之前，縱然得不到正式的承認，也可以得到相當的寬恕。這裡我們所應牢記的，乃是：恰在費爾巴哈的兩個弱點之上，德國學問界的所謂"眞正社會主義"（True Socialism），於一八四四年以後，像時疫一樣地盛行。她以文學的詞句，代替科學的智識，以"愛"的方法使人類自由，而棄置了無產階級的經過經濟生產變革的解放運動。換言之，她是沉溺於惑人的巧語的著作之中，葬送自己於病態的傷感主義之內而沒能自拔。克倫先生（Herrkarl Gruen）就是這樣著作家的一個典型代表。

費爾巴哈的不良影響與其未完工作

但是我們更應記住的：雖然黑格爾學派是破壞了，黑格爾哲學卻未曾經過批判而毀滅。施特勞斯及鮑爾在論戰中是各執一端互相攻擊的。費爾巴哈則衝出體系的圈圍，把她乾脆地棄置不顧。但是人們絕不能對於一個哲學學說

44　費爾巴哈論

，僅僅宣告牠是假的便算破壞了牠，何況黑格爾哲學這樣一個偉大的工程，對於德國的文化發展給與那樣重要的影響，牠豈肯甘心任人棄置一旁而不復反辯？我們必須以牠自己的方法來破壞牠。那就是：批判地毀滅牠的形式而救出由牠所得到的對於智識的新貢獻。這個工作，究竟怎樣地完成，我們以下就可看見。

不過一八四八年的革命，棄置那一切哲學的討論，正像費爾巴哈無禮地棄置黑格爾一樣。於是費爾巴哈也被推擠在陰影之中了。

二　觀念論與唯物論

（或唯物論者的費爾巴哈）

哲學根本問題之起源　一切哲學，尤其是近代哲學的根本問題，都連結於思維與實在的關係。遠古的人們，因為完全昧於自己機體之組織，常為夢想（註一）所推動，便達到這樣的觀念：思維與感覺，並不是他們自己機體的活動，乃是出於一種特異的"靈魂"，此靈魂居住於其身體之中，及至身體死亡，方始離開。從那時起，他們便被迫去思維這個靈魂和外面世界的關係。如果這個靈魂離開身體，還照舊活着，那麼就沒有理由

（註一）即在現今的野蠻人及未開化人中間，下面的觀念也還非常盛行：他們以為現於夢境中的人影是暫時離開人的身體的靈魂。所以，作夢者的身體，這時不當夢中人物表演劇情的舞台。印素謀（Imthurn）於一八八四年，曾在桂正納（Guiana）的印第安人中見過。（恩格斯註）

46　　　費爾巴哈論

再去說牠還有其他的死滅。這樣，就發生出靈魂不滅的概念。這種概念，在當時的進化階級，對於人們，並不是一種安慰，乃是一種不可抵抗的命運；常至像在希臘人中一樣，簡直是一種切實的不幸。那個個人魂靈不死的討厭觀念，也並非出自宗教的安慰企圖，實是由於人們認靈魂以後，因為對於靈魂的一般無識，在死後不知如何擺佈的這種遊疑不定中才引伸出來。依着同樣方式，由於自然諸力的人格化，初期的神靈，因之興起。牠們跟着宗教的不斷發展，遂具有了大而又大的超自然力。直至由於思維抽象的自然過程——我可以說是蒸溜過程，在精神的不斷發展之中，從許多領域不同互相限制的諸神裏，發生了一元宗教的管理萬有的一神觀念。這個單一神的觀念，遂統治了人們的心靈。

　　思維與實在的關係，精神與自然的關係——那哲學中最高的問題，和所有宗教一樣，在野蠻狀態的有限的無識的觀念中，固已有其根基。但是牠首次被人們了解，牠的全部意義首次被人們把握，却在人們從基督教中世紀的長期冬眠中醒來的時候。思維與存在的關係問題，那曾經在中世紀煩瑣哲學中占着重要地位的問題，那精神與自然二者到底誰是原始的問題，不管教會怎樣，現在已被斧削為：「世界是上帝所創造的呢？也還是本來就永恆存在？」

　　因為對於這個問題的答案不同，哲學家於是分為兩大

二　觀念論與唯物論

哲學家的兩大陣營

陣營。一部分人把精神的起源放置在自然的起源之前，接着使用各種方式承認了創造者——而這個創造者，在各家哲學中，例如黑格爾哲學，其奇異背理較在基督教中，尤過之。——就是這一類人，組成了觀念論者的一方。反之，那些承認自然是本源的一些人，就屬於唯物論者的一方。

觀念論及唯物論這兩個名詞，也有些人另外指示着一點不同的意思；不過牠們原初，並不用於其他的意義。在此地我們是照原意使用的。我們以下可以看出當人們對於牠們强附以其他的意義時，會引起怎樣的混亂。

哲學根本問題的另一方——思維與存在的一致問題

思維與存在的關係的問題，還有牠的另一方面：那就是我們的思維對於環繞我們的世界自身，是站在怎樣的一個關係？我們的思維能夠認識眞實世界嗎？我們對於眞實世界的觀念及概念，能夠產生出"實在"的正確反映嗎？若用哲學的術語來說，這個問題，就是思維與存在的一致問題；而大多數的哲學家，對牠都已付了肯定的答覆。就如黑格爾，這個肯定的答案是自明的。因爲按照我們思想所認識的眞實世界，乃是這個世界的理性內容；牠推動這個世界進步，實現出絕對觀念。而這個絕對觀念，是早已存在於一個地方，離世界而獨立，並且在世界以前的。因之思想所能認的內容，從初就是思想的內容，這是很明白的。這裏我們所要證明的東西，已經隱藏在前提之中。但是，這個並未妨碍黑格爾依着這樣思維與存在之一致的証明，達到另一個結論：他的哲學，因為是吻合於他的思維的，所以是唯一正確的哲學。為着要實現這個思維與存在的一致，人們應該轉移他的哲學學說於實際；同時使全世界的活動，都要以黑格爾學說為根據。這是一種幻想，他與其他哲學家共同的一種幻想。

此外，另一派的哲學家，否認着宇宙認識的可能性，至少也是否認完全認識的可能性。近代哲學家中，休謨與康德就屬於這派；他們曾經在哲學的進步上，演着極重要的脚色。不過這個觀點，已由黑格爾從觀念論的立場盡可能地駁斥過了。費爾巴哈所增加的唯物論立場的部分，雖欠深刻却非常巧妙。而對於這個觀點，賜以最大的破壞批判的，正像其他固定的哲學觀念所遭遇的一樣，乃是實際的結果——經驗與工業。如果我們能够証明我們對於真實事件的觀念是正確的，能够親自實驗牠，能够由牠的組成部分去再生產牠，而且能够依着我們的目的在實際上去應用牠；那麼康德所說的"物自身"，就失掉了任何意義。組成動植物機體的化學成分，可以說是"物自身"，但當有機化學把這些成分一一指示出以後，那個"物自身"就轉變為"我們的事物"。這和茜草根所含的色素亞里札輪

觀念論與唯物論

（alizarin）一樣，當我們可以便宜地簡單地從煤的黑油中提出來時，我們就用不着再從事栽培茜草，從牠的根株去生產色素了。哥白尼的體系，經過了三百年都是一個假設；雖然經過人們百次千次以至萬次的贊助相信，終竟仍是一個假設。但當勒未累（Leverriier）用上這個體系的資料，不僅發現出一個不知名的行星的存在，並且算出這個行星在天體中所必然居住的地位時，又當加勒（Galles）實際發現這個行星時，哥白尼的體系，就被証明了。如果新康德派要在德國復活康德的觀念，不可知論者要在英國復活休謨的觀念（在這裏他們始終就未曾死掉），那麼，在這些學說經過長期理論與實際的駁斥以後，就理論而言，他們是開倒車向後退，就實際而言，他們是秘密地無耻地接收了唯物論，而在世界面前又否認着唯物論。

|哲學思想的推動力與觀念論的結局| 不過從笛卡爾到黑格爾，從霍布士到費爾巴哈，其間的哲學家，並不如他們所想，是由純粹理性的力量所推動；恰巧相反，那眞實推動他們的，乃是自然科學與工業的強而急速的進展。這在唯物論者中間，是極快地顯示於外表；至於觀念論的體系，一方面是逐漸的以唯物的內容去充實自己，他方面則極力以汎神論的方法，去調和心靈與物質間的衝突。這樣，按着觀念論的方法及其內容發進，結果就達到黑格爾的體系——僅僅是一個唯物論的

費爾巴哈論　　50

倒立形態。

<u>斯達克對於費爾巴哈的批評的淺薄</u>　　當然，斯達克(Starcke)在他的"費爾巴哈的特質"中要涉及到思維與存在之關係的根本問題。他在一個簡短的導言內，以不必要的沈重的哲學術語，描寫了康德以來哲學家的觀念，又因為限於著作的篇幅形式，在這裏連黑格爾都未接受到他所應得的令譽。然後他就根據費爾巴哈的重要著作，進於費爾巴哈的形而上學之發展的敍述。這個敍述，實是一種刻苦的小心的工作，但和全書一樣是過於堆砌了不必要的哲學語句；而且最令人不滿意的是作者並不僅使用同一學派或費爾巴哈自己的辭類，還混雜着其他學派的東西，尤其是最近流行的自命為哲學學派的東西。

<u>唯物論者的費爾巴哈及其不澈底性</u>　　費爾巴哈的進化，是從黑格爾到唯物論的進化——當然不是正統派黑格爾的進化——這個進化，由某種特定的觀點來說，是和他的先進者的觀念論體系作了一個完全的分裂。他以不可抗的迫力，成立了自己的觀點：黑格爾的"絕對觀念"存在於世界以前的觀念，在宇宙成立之先，邏輯範疇就存在的觀念，只不過是庸俗"上帝存在"的信念之幻象式的殘存。因此，我們所屬於的這個物質的可知覺的真實世界，是惟一的實在；至於我們的智慧思維

二　觀念論與唯物論

不管他怎樣地像是超乎自然，終竟只是物質機體之器官——頭腦——的活動表現。物質不是心靈的產物，倒是心靈自身乃是物質的最高產品。這裏明明白白地是純粹的唯物論；不過費爾巴哈達到這個境地，他就停止前進。他不能掃除普通的哲學成見，這個成見就是不反對唯物論的實質而反對着唯物論的名字。他說："唯物論在我是人類生活及智識的建築基礎；但牠對於我，却不和那些生理學家如莫萊蕭第(Moleschott)所認識的狹義意義一樣，因為依着他們的立場，唯物論也必須是建築自身。退後說我是與唯物論者同意的，但向前說却不然。"

<費爾巴哈的錯誤> 這裏，費爾巴哈把基於物質與心靈間關係之某種見解的宇宙哲學——唯物論，與這個哲學在一定歷史階段上，即十八世紀所表現的特殊形態，混為一談了。更甚於此者，他把一般的唯物論和今日存在於自然科學家及醫士們心目中的十八世紀唯物論的淺薄而庸俗的形式，那在五十年間被俗化於布希納爾(Buechner)窩歌特(Vogt)及莫萊蕭第等著作中的十八世紀唯物論的形式，弄得混淆不清了。事實上，正如觀念論經過一個長期發展的路程一般，唯物論跟着自然科學各部門的標幟新紀元的發現，已變更了自己的形式。而且因為唯物論方法的使用，歷史自己也顯示着進步的新路線

52　　　費爾巴哈論

十八世紀唯物論的兩種缺點

前世紀的唯物論，整個地是機械的。因為在當時的一切自然科學之中，機械學，僅只天體及地球的等等固定物體的機械學，體言之，重力的機械學，已經達到相當的結論；化學是剛剛成立，猶在礬兒及熱素假設的形式；生物學還橫臥在牠的襁褓之中；動植物機體的組織，是以淨淺的態度研究着，而且完全根據於機械學的基礎來解釋。正像一個動物對於笛卡兒，不是其他事物，僅僅是一個機器一樣；人的機體，在十八世紀的唯物論者看來，也是如此。這個機械學的尺度，對於化學及有機體本質的動的過程之專對的應用，造成了法國唯物論的特殊的時代上不可避免的偏狹性。機械學的規律在動的過程中雖亦有其作用，但比起那更高的規律來，僅佔次要的地位。

這個唯物論的第二特殊缺點，在於牠不能把宇宙看作一種過程，一種在進化歷程中的物質形式。這個缺點相應於該時代的自然科學及那些哲學家的形而上的反辯証的思維方法。那時，自然雖已被人認識，是在不斷地運動之中；不過這個運動，依着當時的思想看去，是永久地旋轉於一個圈子之內的。因之牠是永不會離開了一定的場所，牠是不斷地產生着同樣的結果。然而這樣的觀念，在當時是必然的。那康德所發展的太陽系起源學說，是初次地公佈於世，人們只視作一種奇談；地球的發展歷史——地質學

二　觀念論與唯物論

尚未為人們所知；而今日存在的事物，都是由簡單到複雜的一個長期發展過程之結果的觀念，在當時亦不能科學地成立。所以，這個反歷史的自然解釋，實是不可避免的。我們不能以這個苛責於十八世紀的哲學家，因為同樣的事實，也發現於黑格爾。在黑格爾看來，自然僅是觀念的外表形式，牠不能有時間上的進步，只有空間上的更複雜形式的擴展。因之，牠在同一時間內，顯示着包含於牠的內部的各種發展階段，牠是被指定地做着同樣過程的反覆。然而當黑格爾委給自然以只有空間的擴展而缺乏一切進步的根本條件之時間進展的錯誤觀念時，地質學，胚胎學，動植物生理學以及無機化學正被建築起來。那些後來進化學說的天才預告，也已出現於這些新學說的着手之際（如哥德及拉馬克）。不過黑格爾的哲學體系，是這樣地違背他，而為了體系的偏愛，連他自己的方法，也不得不否認了。

這個非歷史的觀念，也曾散布其勢力於歷史的區域。那裏反對中世紀餘孽的戰爭，拘守在有限的眼界之下。中世紀只簡單地被人視為千餘年野蠻狀態，支配的歷史的中斷，至於牠的偉大進步——歐洲文化的普及，大國家的次第成立，以及十四五世紀技術的巨大的改進——是沒有人看到的。於是歷史進化的合理觀點，不能實現；歷史只是隸役於哲學家，為其學說供給例証及說明的堆棧。

54　　　　　費爾巴哈論

十九世紀五十年代的德國唯物論　　本世紀五十年代自命為唯物論者的德國庸俗販賣商學者，也絕沒有跳出這個學說的褊狹性之外。一切科學上的進步，對於他們只是反對創造者存在之新的証明；至於更加發展這個學說，本就不是他的商業範圍以內的事。這時代，觀念論固然底於末日，被一八四八年的革命施以致命的打擊；然而牠看見唯物論的沒落，比牠更甚，牠還是足以自慰的。費爾巴哈在他拒絕負担這些庸俗唯物論的責任時期，他是十二分地正確的，他的錯誤，只在把這些江湖賣藥士式的敎訓與一般的唯物論混為一談。

費爾巴哈的時代及環境的限制　　不過，這裏我們必須提明兩件事：第一，在費爾巴哈的生年中，一切科學，仍停留於積極的醞釀狀態；其清晰可觀，乃是最近十五年間的事。新的智識材料，雖以空前的比例日漸供出，不過在這些雜亂的發現中，確定其內部關係與秩序，乃是好久以後才成為可能的。誠然，費爾巴哈在世時，曾看見三種偉大的發現——細胞，力的轉變，達爾文以來的進化學說；但是這些發現，當時一部分自然科學家尚在自己爭論，另一部分還不知怎樣地去利用牠們，對於窮居村鄉的哲學家，又如何能責他鑑識其全部價值？不名譽的恥辱之所以落於不幸的德國，乃是由於哲學的講壇被霸占於蠅營狗苟的折衷學派，而那超出他們頭地的費爾巴

二　觀念論與唯物論

哈，却被逼停學，酸敗於窮鄉之中的緣故。因此費爾巴哈之不能把握自然的進化哲學——那必須把法國唯物論褊狹觀點揚棄，始能完成的哲學，並不算費爾巴哈的恥辱。

第二，費爾巴哈已正確地把握着：科學的唯物論是人類知識建築的基礎，而不是牠的自身。因爲我們不僅在自然中生活着，而且在人類社會中生活着。這個社會有牠的發展學說，也有牠的科學，不減於自然界。在此地最必須的事務是在把社會的科學，把所謂歷史及哲學的科學，與那個唯物論基礎吻合起來，並在這個基礎之上建築牠們。不過這樣的使命是沒有委給於費爾巴哈的。不管"那些基礎"怎樣，他是緊緊地自縛於觀念論者的緾洩之中，"退後說，我是與唯物論者同意，但向前說，却不然"，這不是顯然的證明嗎？不過費爾巴哈自己，對於人類社會觀點，其所以不能離開一八四〇至一八四四年的立場而更進一步者，主要的是由於離羣索居。他被逼着去獨自思維一切事物，失却了與他同才能者相互助益相互衝突的辯論；雖然在所有的哲學家中，他是最喜與朋輩交往的人。以下我們即可看見他是怎樣地停留於一個觀念論者的地位。

斯達克論費爾巴哈時對於觀念論及唯物論的誤解

這裏我們所要提起注意的是：斯達克所要証明的費爾巴哈的觀念論，是在錯誤的場所擧行的。他說："費爾巴哈是一個觀念論者，他相信人類的進步。"（十九頁）"一切的基礎，不是別的，

56　　　　　費爾巴哈論

乃是觀念論；實在論對於我們只是當我們依據自己的觀念論的心靈的傾向前進時，防止走入歧途的保障。難道那些同情仁愛，對於真理及正義的熱誠，不是心靈的力量嗎？

首先，這裏的觀念論一字，並不是其他意義，只是依着某種理想目的的努力。當然，這些理想目的要關聯於康德的觀念論及其"先天的道德無上命令"。但是康德自己所以稱他的哲學為"超越的觀念論"，絕不是因為他處理着道德的理想，實在別有根據，正如斯達克以後所記起的一樣。那種以為哲學上觀念論是以道德的信仰社會的理想為中心點的謬見，實起自德國的不懂哲學的法利賽人。他們從希勒爾（Schiller）詩篇中撫拾了很少量的哲學牙慧，強記在心裡，便來高談哲學。事實上，再沒有人能像黑格爾那樣，對於康德的無力的"無上命令"——因為牠要求不可能的事件，致永遠沒有實現的一天，所以是無力的——給以苛刻的批判，對於希勒爾所賜與法利賽人的多感主義給與激烈的譏誚。然而黑格爾却是一個傑出的觀念論者。

其次，人類的一切行為，要經過頭腦，乃是不能避免的。就是飲食的動作，也要開始於頭腦中的飢渴感覺而完成於頭腦中的滿足經驗。外面的實在世界，影印牠自己於人的頭腦上，在人的頭腦中反映牠自己為感情，思維，

二　觀念論與唯物論

衝動、意志、總言之一切心靈的趨向。並且在這樣形式之下，牠就轉變為心靈的力量。如果有人完全依據他的心意去活動，並承認這些心的力量對於他的影響，因此他就算是一個觀念論者；那麼，任何正常發展的人，幾乎都可以說是天生的觀念論者了，何以世界上還有唯物論者存在呢？

最後，對於人類大體是進步的這個信念，至少就現在言，這與唯物論及觀念論間的衝突問題是絕無甚麼瓜葛的了。法蘭西的唯物論者對於這個信念的狂熱程度，並不減於那些自然神論者的凡爾泰及廬梭；而且為了牠，他們還作過極大的個人犧牲。如果要找一個人曾經為着真理及正義的熱誠而費了畢生的精神，公道說、那狄德祿（Diderot）總算是一個代表。現在斯達克既然把這些都解作觀念論，那麼，唯物論一字，對於他是喪失了原始意義；在觀念論與唯物論二者間的意義之衝突，他也不曾了解。

原來事實是這樣的：斯達克對於那些法利賽人的成見，作了不可饒恕的讓步。這些成見，出自長期不斷地牧師們對於唯物論一字的誹謗，現在他是無意識地接收了。那些法利賽人一聽見唯物論這個名詞，就以為是饕餮酗酒肉慾的追求、欺騙的詭詐，總之是一切他們在秘密中進行的窮凶極惡。反之，他們所認為的觀念論，則是仁愛的信仰、普遍人道主義的祈求、完美的社會之希翼，這些、事實上只是他們在人前所誇揚的好聽名詞。他們對於牠，只有在日常享受的物慾生活十分過度以致厭倦時才深深地相信着。因此，他們所唱的心愛的歌曲仍是："人是甚麼？一半禽獸，一半天神。"

在這些討論以後，斯達克費了極大的心血替費爾巴哈辯護，以反駁那些在今日自詡為德國的哲學家的學士們對於費爾巴哈所加的非難議論。這在注意於德國古典哲學之胎衣的那些人，當然是非常重要的工作；對於斯達克他本人，可以說是必須的。不過我們用不着敎許多讀者，來消磨寶貴的時光。

三 費爾巴哈的宗教哲學及倫理學
（或觀念論者的費爾巴哈）

> **費爾巴哈的宗教哲學**

費爾巴哈的眞正觀念論，當我們讀到他的宗教哲學及倫理學時，是十分地顯明的。他不僅是不去消滅宗教，而且還要完成牠。他以爲就是哲學自身也將要被吸收於宗教之中。"人類進步的各大紀元，只有宗教的改革才可以做牠的標幟。歷史的進步，只有深入於人'心'之後，才算眞正的進步。'心'並不是宗教的居室，而是宗教原在心裏，'心'就是宗教的實體。"依着費爾巴哈，宗教就是一切感情的關係——人與人間的愛的關係。這些愛的關係，自有史以來，只實現自己於眞實生活的幻想反映的肖像之中——那些爲人類自己性格的幻想反映的一個或多個神靈間的調和之中。但是現在只依着"我""你"間的"摯愛"已可以直接地表示出來，用不着那些中間體了。兩性間的愛，在費爾巴哈看來，卽使不是實現他的新宗教的唯一無上的形式，也是許

60　費爾巴哈論

多的最高形式之一。

可是人與人間的情感，尤其兩性間的情感，是與人類同始終的；人類出生的時候，牠就存在了。兩性間的愛，在最近十八個世紀之中，特別地被培養起來；並且得到相當的地位，成了一切詩篇的不可少的動力。在另一方面，已存在的傳統宗教，自限於法律條文上神明所賜與的婚姻關係，牠們就是明朝淪亡，對於愛情及友誼也是一點影響沒有的。法蘭西的基督教，於一七九三至一七九八年間已完全顛覆；就連拿破崙也不能無困難地不經反對地再恢復了牠。在這期間，費爾巴哈所主張的代替物之要求，並沒有發生。

〔感情並不需要宗教〕

〔費爾巴哈的宗教迷及其宗教的根據〕

費爾巴哈的觀念論，在於：他不僅是承認人與人間的情感關係，如兩性愛、友誼、同情、犧牲精神等等，他並且宣告這些情感的實體，必須投誠於宗教名字之下，才能完全地實現出來。對於他，最重要的事物：不是這樣純粹人類關係的存在，而是牠們必須視作新的真正宗教。只有牠們被烙着宗教的印章時，牠們才會圓滿地發生效力。宗教一字發源於"Religare"，其原始意義為聯結，所以人與人間的任何聯繫，都是宗教。這種訴諸字源學上的詭計，乃是觀念哲學的最後匿所。不以該字的歷史發展中的真意義來用，而反求之於該字的原始意義，於是性愛

三　費爾巴哈的宗教哲學及倫理學

及兩性間的關係被視作宗教，而為觀念論者所寵愛的宗教一字，便永遠不能消滅於語言之中了。本世紀四十年代的路易布郎克派的巴黎改良論者，就是持的這樣的說法。他們認為沒有宗教的人，便是妖孽；因之他們向我們說："無神論就是你們的宗教。"

> 宗教與唯物哲學不能並存

如果費爾巴哈把真正的宗教安放在真實唯物哲學的基礎之上，便無異於把現代的化學視作真正的鍊金術。（註一）如果宗教沒有上帝還能存在，那麼沒有哲學之石，鍊金術也就照舊可以存在了。這裏鍊金術與宗教之間，存着極密切的關係。哲學之石，具有古代諸神的各種屬性，同樣，紀元後一二世紀埃及希臘的鍊金術士，如考普及伯爾邑勞所證明，也曾經着手於基督教教義的發展。

> 費爾巴哈以宗教變革劃分人類歷史時期的謬誤

費爾巴哈以為人類發展的時期，只能由宗教上的變動來區別；這是靠不住的。偉大的歷史出發點伴隨着宗教改革一件事只有說到迄至現今還存在的世界三大宗教——佛教，基督教，回教——才是如此。那些自然發生的各個部落及民族宗教，本就沒有多大的號召力，及至部落與民族的獨立一破壞，牠們就喪失了一切

（註一）鍊金術為古代人的一種學問，牠要找出一種哲學之石，去變一切賤金屬為黃金。（譯者註）

62　　　　費爾巴哈論

競存的能力。這在日耳曼人中間表現的極其明顯，只要與衰敗的羅馬帝國及由其內部發生並且適合於其經濟政治文化諸條件的基督教一接觸，那舊日的原始宗教便如秋葉遇着疾風一樣地崩潰了。只有論及那些經過或多或少人工的世界宗教，尤其是基督教與回教，我們才覺着歷史的普遍運動帶着宗教的性質。而且當我們特別地研究基督教時，又覺到就是那個性質，那個影響具有世界意義的革命運動的宗教性質，也只有在十三世紀至十七世紀間，新興有產階級所舉行的解放戰爭的初期階段，才是真實的。並且更進一步，就在這裏，牠表示着自己也並不像費爾巴哈所說，是人類的東西，是人類對於宗教的渴望；而是因為在中世紀除宗教及神學外再無其他觀念形態的緣故。因此，在十八世紀的有產階級已經有了合於自己立場的意識形態時，牠就直接以其對於司法及政治的理想要求，去實行牠的偉大革命——法國革命。至對於宗教，則只有感到牠的障礙時，才去理會牠了。那成立新宗教以代替舊宗教的事實，在牠也不曾發生過；而羅伯斯比（註一）的嘗試是怎樣地錯誤而橫遭失敗，也是周知的事實。

　　在與他人的交際中，純粹情操表現的可能性，在今日的我們，已被階級對立與階級統治的社會大大地阻礙了。

（註一）羅伯斯比是法國大革命中的一個領袖，他企圖創造一種新宗教以代替基督教，結果失敗。（譯者註）

三 費爾巴哈的宗教哲學及倫理學

人類情操的宗教化有妨人們對於歷史的瞭解

我們用不着再以新宗教的方法，使這些情操神聖化神祕化以自擾。正像歷史上偉大階級鬥爭的情境爲一般的歷史家，尤其是德國的，弄得模糊不清一樣，對於歷史上偉大階級衝突的瞭解，也足夠爲現在的歷史著作態度所蒙蔽了。我們實在沒有理由與需要，再把這樣實際的衝突變作宗教歷史的附屬物。這裏已明白地表示着我們離開費爾巴哈是怎樣地遠了。他所用以贊賞愛的新宗教的那些美麗詞章，在今日實在不值一讀。

費爾巴哈的思維陷於抽象的泥坑中

費爾巴哈最有研究的宗教是基督教，就是建築在一神主義上的西方宗教。他証明基督教的上帝僅僅是一個幻想的反映，人的肖像。不過上帝本身，乃是一個長期的抽象過程的產物，早年部落及種族諸神的結晶。同樣，那爲上帝所反映的人，也不是一個眞正的人，乃是許多眞實人的結晶——抽象的人；因之他自己也是思想的產物。那在每一頁上都宣傳着感覺深入於具體及實在的費爾巴哈就是這同一的費爾巴哈，當他開始談及人類間的肉體關係以上的事物時，整個地陷於抽象的錯誤之中了。

費爾巴哈的倫理學

在人類肉體以上的關係中，僅有一方面爲他所注意，那就是道德。這裏費爾巴哈比起黑格爾來，其思維庫藏的枯窘狀態是極顯

64　　　　　費爾巴哈論

著的。後者的倫理學——稱道德學較妥——就是法律哲學。其中包含着一抽像的法，二道德，三道德的行為。在第三項中又包含有：家庭、有產階級、社會及國家。這裏的形式是觀念論的，其內容則是實在論的。除倫理而外，法律經濟及政治全領域也都在內。至於費爾巴哈則恰巧相反，

> 就內容言比起黑格爾他是抽象的

他在形式上是實在論的，他所研究的是人；但其討論卻絲毫未曾提及這個人所居住的世界；因之這裏是以一個宣傳宗教哲學的熱誠的抽象人代替了那真實的人。這個抽象人並不是母親的產兒，而是由一神宗教的上帝發展出來的。他也並不生活於真實歷史環境及歷史的世界之中；他雖然也與別人發生關係，但所有那些別人也都和他自己一樣地抽象。在宗教哲學中，我們還看見男女之分，但一到倫理學中，這個最後的區別也消滅了。雖然費爾巴哈也早經說過："同一個人，住在宮殿中與茅屋裏所思維的絕不會相同"，"當你的身體內沒有東西去防止饑餓與苦痛的侵襲時，在你的頭腦感覺與心中也不會有材料去組織道德"，"政治必須是我們的宗教"等等；但是費爾巴哈不能從這些語句之中找出任何意義來，牠們只是些純粹的文學詞藻。就是斯達克自己也不得不承認：政治學對於費爾巴哈是不能超越的境界；社會的科學、社會學，在他只是不可知的國土。

三　費爾巴哈的宗教哲學及倫理學

同樣，費爾巴哈在善惡問題上的討論，比起黑格爾也是很落後的。黑格爾說："人們說出'人性是善的'，便以為說了偉大的話；但他却忘記了如果他說出'人性是惡的'時，他的話才更加偉大。"依着黑格爾，惡是進化動力的表現形式。就在這裏生出兩重意義：在一方面，每一個新的進步對於神聖的事物是一種暴行，對於那舊的死的但為習慣所承認的條件是一種反叛。在另一方面，自從階級對立出現以來，人們的惡性——占有慾，統治慾，就作着歷史進步的槓桿；封建社會與有產階級的歷史，就是顯明的例證。但是費爾巴哈却不願耐心去考察道德的惡的方面在歷史上所起的作用。歷史對於他，只是一塊特別荒蕪特別生疏的土地。就連他的議論："從天然界產出的原始人，只是一個自然的造物，並不是一個人"，"眞正的人是人類社會教育及歷史的產品"，就是這些議論，從他的立場看來，也是空泛不着邊際的。

<small>在善惡問題上比起黑格爾他是不懂惡的地位的</small>

<small>費爾巴哈的抽象道德論</small>

從此可知費爾巴哈所能告給我們的道德方面的知識，也是十分狹隘的。人們生下就有幸福的慾望，所以幸福的慾望便是一切道德的基礎。不過幸福的慾望，有兩方面的限制；第一是由於我們行動的自然結果，如酗酒之後則覺頭痛，過度放浪便生疾病；第二是由於我們行動及於社會上之結果

66　　　　　費爾巴哈論

，如果我們不尊重他人同樣的幸福慾望，人們卽提出抗議破壞我們幸福的慾求。因之爲要滿足我們的幸福慾求，我們必須愼重地估量我們行動的結果；另一方面，我們也必須讓他人的慾求得着同樣地滿足的機會。於是在我們與他人的交往之間實際監督自己和推誠愛人（常常愛人）便成了費爾巴哈的道德學說的基本規律。其餘的一切，都由此推演出來。在這裏，不管是費爾巴哈的狂熱發揮，或是斯達克的崇高稱贊都不能祛除了這一雙敎條的平凡與淺薄。

幸福慾望所需要的外方世界費爾巴哈沒有討論

　幸福的慾望是很少能够滿足的，牠對於一個人自己或自己與他人之間，是不能有用處的，因爲牠需要着外面世界，以作滿足自已的一切手段；因之，生活資料，異性、書籍，團體、討論，動作，這些物質與手段都在必須之列。但這一些又都是勞動的成果，而不能俯拾卽是。於是費爾巴哈的道德論就只能有兩方面的含義：牠假如不是預先假定，這些物質與手段早已充足地賜給人們；就只好是一種不切實際的勸告，對於那些沒有這些東西的人，是一錢不值的。關於這點，費爾巴哈自己也覺着，他說：＂一個人在宮殿中所想的與在茅屋裏想的不同＂，＂如果你挨着飢餓，沒有物質在你的身體內，那你也就沒有支持道德的東西在你的頭腦感覺或心裏＂。

　那末，承認別人對於幸福慾求，也有同等的權利，事

三　費爾巴哈的宗教哲學及倫理學

情要比較好些嗎？費爾巴哈把這個議論當作絕對眞理，認為可以施用於一切時代及一切環境之中。但是甚麼時候牠會是眞實的呢？古代的奴隸與奴隸主間，中世的農奴與封建地主間，曾經談到幸福的慾求有同等的權利嗎？那些被壓迫階級的幸福慾求，不是漠然地用法律的形式，使之犧牲於統治階級之前嗎？——不錯，這些是不道德的，權利的平等在今日已經被承認了——然而，那僅僅是口頭上的承認；當有產階級在資本制形成之下與封建勢力鬥爭不得不去破壞那些身分制，個人特權之時，牠就首先引出了個人自由的權利，接着參與政治的權利，終至一切人在法律前的平等。不過幸福的慾求，關於精神的權利者只是一小部分；大部分仍存在於物質滿足的生活資料。而這些物質資料，僅有維持最低生活的數量，落在享有同等權利的大多數人；剩餘的大部分則全由資本家剝奪而去。因而在這裏享有的幸福慾求的同等權利，實不見得較好於奴隸制及農奴制時代。至於我們幸福要求的精神方面——教育的條件，是不是已改善了呢？薩多兀的教師，還不是一個神話中的人物嗎？

> 各個人對於幸福慾求有同等權利的假設不合事實

更有甚者，依着費爾巴哈的倫理學說，證劵交易所就是道德神的第一廟宇——這裏人們的投機事業必須是正確地舉行着。如果我的幸福衝動引我到交易

> 費爾巴哈的道德學說的根基是資本制度

68　費爾巴哈論

所裏，我慎重地處理我的事業，使我只得到所願意的而免去了一切損害，就是說我能夠確定的勝利，那麼費爾哈巴的歡訓便算實行了。在這裏，我並沒有妨碍他人的同樣的幸福衝動，因他們的走進交易所也和我一樣地自由。如果在他的事業終結時，他虧了本，那證明甚麼？那不是証明他的行爲是不道德的，沒有計算好嗎？他受了應得的懲罰後，我還可以傲視雄步地在他的面前擺出拉丹曼特（註一）的架子（註二）。並且愛情——如果不是感傷的詞句——也充滿了交易所，因爲在這裏每個人都借別人滿足其幸福的要求。——而這正是愛情所應作的事情，牠現在是實際地完成了。至於我，旣然謹愼地舉行了我的事業，又得到了極大的成功，於是我便算實驗了費爾巴哈道德哲學的格言，在貿易場中變成了一個富人。這從另一方面言之，費爾巴哈的道德論，正是從資本制度砍伐出來的東西，雖然他自巳不曾這樣想過，也非他所願意。

> 費爾巴哈和前人一樣只握住了空洞的愛情

然而愛情，正是這個愛情，無論何時何處，都是一個鸞術的神；依着費爾巴哈，牠能夠克服所有實際生活中的困難，甚至利益相衝突的階級對立的社會

（註一）拉丹曼特（Rhadamante）爲希臘神話中地獄三判官之一。（譯者註）
（註二）"如果在他的事業終結時……拉丹曼特的架子"一句，原文印刷遺漏，由譯者補出。（譯者註）

三　費爾巴哈的宗教哲學及倫理學

中的一切障碍。於是他的哲學中的革命性的殘留也被驅逐出去了。那裏，只餘下那舊日的歌調——"你們互相愛罷"，你們互相擁抱起來，沒有性別與地位——無限的調和論的烏煙瘴氣。

總而言之，費爾巴哈的道德學說，結果和他的一切先進者的沒有分別。牠是從一切時代，一切人種，一切條件中產生出的混合物，恰因這個緣故，牠對於任何時候任何地方，都是不能適用的。對於實際社會，牠和康德的"先天的無上命令"是一樣地無力。事實上每個階級，每個職業團體，都有自己的道德系統，在牠不至受懲罰的範圍內，甚至還可以違反着自己所承認的道德。至於聯合一切的愛情，在今日只表現為戰爭．衝突．訴訟．家庭不和以及其他的互相衝突。

費爾巴哈的病根與馬克斯的進步　然而費爾巴哈所承認的最有力的衝突，何以結果反而如此的無用呢？那只是由於費爾巴哈不能穿過他所深惡痛絕的抽象世界而直達活的真實中去。他雖然緊握着"自然"和"人"，但"自然"和"人"對於他只是空洞的名詞。他不知道怎樣地告訴我們一些關於真實自然及真實人的事物。如果我們要通過費爾巴哈的抽象人達到真實的人，那我們就得把這些人看作歷史的活動分子。費爾巴哈對於這點是反對的。所以他是不懂一八四八年的，而一一八四八年也就使他與眞實世界作了最後的分離，使他回到隱居的生活中去。這種讓費爾巴哈老死於不幸之中的事件，德國的環境是不能辭其咎的。

但是，費爾巴哈所未實行的一步，仍是沒有完成。抽象人的崇拜乃是費爾巴哈的宗教的核心，我們必須以眞實人及其歷史發展的知識去代替牠。費爾巴哈的觀點的發展，超出費爾巴哈的進步，是在一八四五年由馬克斯於其"神聖家族"中公布出來。

四　辯証法的唯物論與唯物史觀

對於費爾巴哈等之總評　施特勞斯，鮑爾，斯丁納爾，費爾巴哈，在他們未離開哲學領域的時候，都是黑格爾哲學的次要的代表者。施特勞斯的其他著作及其"耶穌傳"與"敎條"二書，都不過是步着雷奈(Renan)的後塵，作了些關於哲學及宗敎之歷史文獻的工作。鮑爾也僅是於原始基督敎一部分，有相當的成績。至於斯丁納爾始終是一個怪人，就在巴枯寧把蒲魯東和他混和起來而將那種混合物名爲無政府主義以後，他自己也還未曾變更。這其中，只有費爾巴哈還具着相當的哲學家的資格。然而他不僅是把哲學認爲是一切科學的誇張的無上者，一切科學的精華，一個不可踰越的限界，一種神聖的事物，把他自己看作一個吸取一切科學的成果而組織哲學體系的哲學家；而且就他本身說來，還是個矛盾的人物，下半身是唯物論者，上半身是觀念論者。他對黑格爾並沒作出適當的批評，只是簡單地把他放置一旁，不

費爾巴哈論　　　　　　　　72

加估量而已。同時，比起那具有百科辭典樣豐富材料的黑格爾體系來，他對於人類的智識，除過那誇張的愛的宗教及一個薄弱無力的倫理學體系而外，簡直不曾貢獻了有價值的東西。

|馬克斯的辯證法的唯物論之興起|　但是從黑格爾學派破裂之中，還發展出另外一派——那僅有的產出眞正果實的一派。這種趨向，是與馬克斯的名字緊緊地相聯結着的。（註一）

這個塲合所舉行的與黑格爾哲學的分離，也開始于到唯物論立塲的回轉。就是說，決定去考查那呈現於我們眼

（註一） 在此地說幾句個人解釋的話，對於我是必要的。一般人都談着我在這個學說上的功勞；所以我不能不說幾句話剖白這個事實的眞相。我雖不否認：在我和馬克斯合作的四十餘年間以及早先的時期內，我也曾作過奠置這個學說基礎的工作，也曾特別地致力於這個學說的成立。但是那大部分的精銳的深刻的思想，特別是經濟部門，尤其是經濟部門中的銳利的根本學說，是屬於馬克斯一個人的。所有我作過的事情，馬克斯都可以作得出來，也許有一兩個特別的說明，他是無暇顧及的。可是馬克斯所供獻出來的東西，我却絕難作到。馬克斯的才力之高超，見解之深遠，對於事物觀察的廣博、淸晰與敏銳，是高出於我們一切人的。馬克斯乃是天才，我們頂好不過是聰明人而已。沒有他、這個學說是絕不能像今日的狀態的。所以這個學說是應影繁繫地繫於馬克斯的名字的。（恩格斯註）

四　辯証法的唯物論與唯物史觀

前的真實世界——自然與歷史，而避免任何預想的觀念噩語之糾纏。牠決定無情地掃除一切理想的意念；這些意念是與任事實的關聯中而非在任何幻想的觀念中所發現出來的事象不合的。一般的唯物論，就止於此。但是現在，唯物哲學歷史上的破天荒第一次，一種熱烈的亟圖，要把唯物哲學的結果，去應用於一切智識領域內所起的問題上了，至少也是要應用於牠自己的特質上所引起的問題上了。

馬克斯的辯證法與黑格爾的辯証法　　在這裏，黑格爾並沒有簡單地被棄置於一面。反之這個學說，倒是依附自己於他的哲學中公然革命的部分——辯証方法。不過這個方法，在黑格爾的形式之下，是沒有什麼用處的。因為按照黑格爾的意思，辯証法是絕對觀念的自行發展。至於絕對觀念，不僅是永恆存在，並且是現存整個世界的真的活的靈魂。牠自行發展，經過了各種的原始階段；這些階段，都包含在黑格爾的邏輯之中，而且大部分都詳細地經他討論過。接着牠脫化了自己，轉變為自然；在這裏，牠沒有自我意識，只顯現為自然界的必然；再經過一個新的發展，最後牠出現於人類，恢復了自我意識。這個自我意識，從粗糙的低級形態進到高級的形態，直至最後絕對觀念再實現於黑格爾哲學之中。在自然及歷史中的辯証法的發展——那個繼續不斷從低級到高級的進程（雖然夾雜着許多鋸齒形的昇降狀態及暫時的

74　費爾巴哈論

倒退現象），按照黑格爾，只是來自永恒的絕對觀念的自己進程的一定形態。這個永恆進程的方向如何，是沒有人知道的。不過無論如何，牠是獨立於一切人的頭腦中的思想的。這種顛倒的意識形態，如今是必須棄置了。我們認為一切觀念是來自物質的，是真實事物的反映；並非真實事物是絕對觀念的某種階段。因此，辯證法也轉變運動的普遍規律的智識——外面世界的及人類思想的。這兩種的規律，就實質而言是同一的，就表現的形式而言是互不相同的。人們的心靈，可以意識地運用這些規律，而在自然以及迄至今日在大部分的人類歷史中，牠們只是無意識地經過無限連續的顯然的偶然性，表現為客觀必然的形式。這樣，絕對觀念的辯證法，只是那個真實世界辯證法進展的自覺的反映。而黑格爾的辯證法，也被倒轉過來，牠是以足立地代替了從前以頭立地的形式。這種唯物的辯證法，自從那時起，就是我們最良好的工具與銳利的武器；牠不僅由我們發現出來，並且由德國工人狄慈根（Joseph Dietzgen）以一個可驚的方式與我們無關地獨立發現出來。

辯證法的根本觀念及其應用的結果

但是就在這裏，黑格爾哲學的革命方面，辯證法，又被重提起來；同時牠自己也從那在黑格爾手中阻礙牠達到必然結論的觀念的外殼之中，得到了解放。這裏偉大的根本思想就是：世界不能看作已成事物的集積，而應

四 辯証法的唯物論與唯物史觀

看作許多過程的連續。在這些過程之中，那些顯然的固定事物也如頭腦中的思想影象——觀念一樣，組成為一個形成及毀滅的不斷的連鎖。而且不管那些暫時的退化情形怎樣，依着許多帶着偶然性的事體，最後仍然打出一個進步的發展。這個根本思想，特別是從黑格爾以來，已經支配了大衆的意識，一般地說來，她是不能再被否認了。不過依着字面的形式去認識她，和在當前的實際情形上去應用她，却是截然不同的兩事，然而如果有人堅定地站在這樣的歷史觀點上，去進行他的研究事業，那麼最後解決與永恆真理的要求，即刻就停止了。他自己也是深深地意識着一切已得智識及其假設性質的必然限制，因為那獲得牠們的環境是某個特定的緣故。那些舊日玄學上的眞與假，善與惡，同一與差異，必然與偶然等等空虛不實的命題，再也不能蒙蔽他了。他知道這些命題，只含着相對的意義。那些現在所認為是眞實的，也有牠的潛伏的後日發現的假的方面；同樣，那些現在被認為是假的，也有牠的眞的方面，在後日的發展上，牠可以呈現為眞實。說到必然與偶然，也是這樣。所謂必然是由偶然所組成，而所謂偶然，又是必然隱藏自己的形式。其他可由此類推。

形而上學方法的產生與消滅

那些用於研究與思想上的舊的方法，黑格爾名之為形而上學。牠把事物看作一定的已成的東西，進行自己的研究。牠的餘迹，

76　　　費爾巴哈論

在現在猶盤曠於一般人的頭腦中。不過牠在當時，實有其歷史的意義與價值。各個事物在當作過程去考查以前，必須先當作個體的事物，加以認識。人們也只能在知道了某個個體事物以後，才能去考查牠的內部的各種變化。自然科學就是這樣。那個把一切事物看作不變的舊形而上學方法，是來自那把一切死的活的東西都看作固定的而進行其考查的自然科學。但當這種研究有了較高的進展，一種更高的步驟——即把在自然界中自行發展的事物作為不斷變化過程的系統考查成為可能的時候，哲學領域中的舊形而上學，就遇着了致命的打擊。事實上如果迄至十八世紀終結的科學，主要的是智識的搜集，各別事物的科學，那麼我們今天的科學，可以嶄然地說是智識的整理，變的科學，一切事物的起源與進步的科學，那些聯繫自然界的各種變遷為一個大的整體的"相互關聯"的科學。那個考究動植物機體的發展形態的生理學，研求個體從胚胎至成熟期的發展階段的胚胎學，追究地層漸次形成的地質學，都是我們十九世紀的產物。

| 幫助人類了解自然界內部關聯的三大發現 |

這裏有三個偉大的發現，使我們對於自然界各種過程的關繫的智識，得到了飛躍的進步。首先是細胞的發現，由於這個單位的孳殖與分化，動植物機體的發展，於以成立。我們由此不僅知道了一切高等有機體

四 辯証法的唯物論與唯物史觀

的種類的發展。都遵循着一個普遍的規律；而且在細胞的分化機能之中，我們找出了一條道路——一切有機體變更自己形態得以更加發展自己的道路。其次是能力的轉變。這個發現指示我們：一切無機界的所謂力，各種機械力及其附屬物，如潛力、熱、輻射能力（光，輻射熱）、電、磁、化學能力等等，都是整個運動的各種不同的形態。這些形態，在相當條件之下，從這一個變到另一個。因之某種現象的消滅，就是他種現象的繼起。而自然界的整個運動，只是這種相互轉變的不斷過程而已。最後就是由達爾文所發明出來的証明：圍繞我們的一切自然界有機物體，連人類在內，都是少數的原始簡單細胞經過長期進化過程的結果；至於這些細胞本身，又是依着化學的過程，從原形質或蛋白質中發展出來的。

> 唯物辯証法的世界觀之成立與自然哲學之消滅

由於這種偉大的發現及科學的長足進步，我們現在已經達到一個境地：不僅能指出在自然界中各種特定現象的各式變化的內部聯繫，而且還可以指出這些特定現象和自然界全體的關係。我們已可以經驗科學自身所供給的事實材料，去編製一個近似科學方式的自然界全體關係的鳥瞰圖表了。編製這樣的圖表，從前是所謂自然哲學的職務。牠在完成此種工作的時候，常以理想的及想像的假設代替那未發現的真實關聯，以心目

78　費爾巴哈論

中的圖樣，添補那不知道的事象，並且以空的想像，渡過那一切不可彌補的罅隙。牠固然在這種想象的狂喜之中，有着許多滿意的思想，牠預見了許多後日的發現；然而牠也造出了許多迄至現在猶殘存着的重大錯誤。這些錯誤，沒有他是不會發生的，可是現在自然界研究的結果，已需要着辯証法的考查，需要着在牠們互相關聯中的考查，以編製一個合於我們時代的自然體系了。同時這種注意內部關聯的辯証法研究的特質，不管那些實驗科學家的意志若何，已經侵入於他們的由形而上學方法所訓練出的頭腦中了。自然哲學，在今日已是被揚棄了。任何復活牠的企圖，不惟是徒勞無益，而且是開倒車向後退。

<u>唯物的辯証法的研究在歷史中的應用與歷史哲學等的消滅</u>

把自然看成歷史過程的研究方法，既然是對的；那樣以之應用於社會歷史的各種學問部門及所有研究人的神的科學之總體上，當然也是對的。在這裏，法律哲學，歷史哲學及宗教哲學所作的事情與自然哲學所犯的毛病一樣，牠們以發生于哲學家心靈中的東西，來代替事實中的真實關係。至於歷史的總體及其各個部分，完全被認為觀念的漸次實現；而這些觀念，當然還是哲學家自己所寵愛的東西。歷史無意識地帶着必然性地發展到現在，只是向着一個預定的不變的理想目的前進，譬如黑格爾，他認為歷史是實現他的絕對觀

四　辯證法的唯物論與唯物史觀

念的；而這種實現絕對觀念的不變趨向，就支持着一切歷史事實的內部線索。代替着那個真實的以及迄至現在尚未發現的內部關聯，人們設置了一個新的神秘的命運。這個命運是無意識的，是漸變為意識的。因此這裏正像自然的領域一樣，以真實關係的發現，掃除一切人為的關聯，實是必須的這樣的工作，是要達到一般的進步規律的發現及將此種規律認為是人類社會歷史的支配的東西的。

|社會歷史與自然界的差異| 不過社會長成的歷史，就某方面言之，是和自然的歷史不同的。在自然界中，如果我們把人類對於自然的影響略而不談，我們就只看見許多無意識的盲目分子的互相作用；在牠們交互影響之中，普遍的律規就實現出來。從所有發生的事實裏，或是依着現於表面上的無數偶然事體而論，或是依着這些偶然事體的最後結果而論，這裏絕沒有有志向有意識的目的存在。反之，在社會歷史中所有的脚色，都是有意識的。牠們是具有思想與感情的活動人物，牠們是向着一定目的前進的人；一切沒有預定目的沒有一定志向的事物是不會發現的。但是這樣分別，在歷史事實的考查中，雖然是特別重要的，尤其是在各別時期各別事物的考查場合；不過牠對於歷史的進程是由其內在的普遍規律所支配一事實，是沒有什麼影響的。在這裏，不

|歷史仍是為內在的普遍規律所支配|

80　費爾巴哈論

管那些各別個人所想望的目的如何，偶然的事物是常常顯露於外表的。而那個為人所想望的事物，却很少能如願地實現。在大多數的場合，龐雜的期望與目的，互相穿插互相限制起來；其結果，不是這些目的根本不能實現，便是達到目的的方法，不生效力。因此，在歷史的範圍內所發生的各個個人意志與各個活動者的無限衝突，致使我們達到這樣的結論：歷史中的情形，是和自然界的情形，極其相似，並沒有一定的目的存在。一切動作的目的是預定的，但由這些動作所引出的結果，却是不能預定的；或者甚至牠們最後得到的實際結果，會和預期的結論，完全兩樣。因此歷史的事實，在其總體上，表現着完全為機運所左右的狀態。不過在這裏也只是按照着浮淺的觀察時，偶然性才占着相當的位置；實際上歷史的事實，終是為那些不能看見的內在的規律所支配的。所以這裏僅有的問題，就是去發現這些規律。

| 人們怎樣創造自己的歷史 |

人們創造自己的歷史是在這樣情形之下的：每一個人依着那些獨立於結果的自己的預期目的去活動，這些向着各種方向活動的許多各別意志的結果及其對於世界所作的各種影響，就組成了歷史。因此歷史是基於大多數個人的意向的。個人的意志，決定于情感或思考。但決定這些感情及思考的槓杆作用或刺激，却是各式各樣的。有時這些槓

四　辯證法的唯物論與唯物史觀

秆作用是外界的條件，有時是理想的動力，為着名譽的狂熱，為真理與正義的赤誠，個人的憎惡，甚至各種的純粹個人的特別觀念。但是我們既已一方面在歷史中看出：許多個人意志的結果所產生出的作用，在大多數的場所，都與原始的期望不同——事實上常是剛剛相反——因而他們動作的動力，對於歷史的一般的結果，也是居着次要的地位。另一方面，自然就要發生這樣的問題：在這些個人動作的動力之後，存在着何種的推動力？那種轉變自己為那些活動者頭腦中的動作動力的歷史原因，到底是什麼？

> 我們應該找尋個人動力的歷史原因

> 舊唯物論與觀念論的歷史哲學的謬誤

舊的唯物論從未把這個問題，提在牠自己面前。牠的歷史哲學，自從牠有一個特別的歷史哲學以來，始終是根本地實用主義的。這個歷史哲學斷定一切事物，是從直接動機的立場出發的。牠把歷史上的人物，分成善的與惡的；並且認為就全體言之，善人常是受人欺騙，而惡人則常是占據上風。因此，在舊的唯物論的觀點上，歷史的研究是不能得到任何的教訓的。但是在我們看來，歷史領域中的舊唯物論的見解是錯誤的。因為牠只把活動的理想衝動，當作歷史的最後原因，而不能更進一步去尋找這些衝動後面的東西——這些衝動的衝動。舊唯物論之所以不能達到邏輯的結論，並不是由於牠看重了理

82　費爾巴哈論

想的衝動，而是由於牠不能更進一步、去深入地考查這些活動的更深遠的原因。至於歷史哲學，尤其是黑格爾的歷史哲學，則又恰恰相反，牠倒承認：歷史上活動人物的顯然的真實的動力，絕不是歷史事實的最初原因，而在這些事實後面，尚隱藏着一些別的運動的力量；這些力量，必須發現出來。然而牠的錯誤，又發生在另一方面了：牠不在歷史自身中去尋找這些力量，却從歷史的外面，從哲學的意識形態中把這些力量輸入進來。因之在解釋古代希臘的歷史時，就如黑格爾，他不從希臘歷史的內部關係下手而認為只是美的人格的完成藝術的實現等等。他雖然對於希臘歷史說出許多有價值的精奧的語句，不過這件事實，並不能袪除我們今日對於這些解釋的不滿。因為這些解釋，只是一些廢話而巳。

<u>我們怎樣找尋歷史的真正動力</u>　因此如果我們要去發現那些推動的力量，那些隱藏在歷史事象後面，支持着歷史的最後的真的動機的（意識的並且大部分是無意識的）推動力量，我們不能把那些個人的動力（不管這些動力是如何地重要）和那些掀動無數群衆，全個民族以及全個民族中的各種階級的動力，等量齊觀。因為後邊的那種動力不是暫時的一閃即滅的火星，而是繼續活動直至達到一個歷史的偉大變遷才停止的動力。這裏我們正式地去確定那在偉大運動中的醫事群衆及

四 辯証法的唯物論與唯物史觀

他們的領袖——所謂偉大人物——的頭腦中，作着意識的動力的那些偉大的推動力（不管那些偉大的推動力在他們頭腦中的意識的反映是清晰的，模糊的，直接的，具着理論的形式的，甚至具着神秘的形式的）這是使我們把握支配歷史全體以及歷史的特別時期特別地域的規律的唯一方法。一切使人們活動的事體，必須經過人們的意識；但是那些作用於人們頭腦中的力量，則大半決定于外面的環境。現在的工人對於資本家的機器力量，並不是已經妥協了，雖然他們已不再去粉碎機器像一八四八年在萊因區域所作的一樣。

> 偉大的歷史動力的發現到現在確有了可能

雖然，這樣歷史的推動力量的發現，在其他的歷史階段、因爲內部關係的複雜與隱晦，不能看出這些動力與事實上的結果關聯怎樣，可以說是不可能的。但是我們現在的時期，已經使得各種關係簡單到可以解決這個問題的田地了。自從大工業成立以來，至少自一八一五年歐洲和平出現以來，在英國的政治鬥爭，只是兩大階級——地主貴族與中等階級間爭奪政權的鬥爭，這對於任何人，都不是秘密的了。隨着波旁王朝的恢復，同樣的事情也出現於法國。從底業里(Thierry)到季左(Guijot)米勤(Mignet)以及底耶士(Thiers)這些歷史家也宣告這種鬥爭，爲了解法國歷史尤其自中世紀以來的歷史的眞

84　費爾巴哈論

正顯得。另一方面，一八三〇年以後，工人階級——無產階級，在這兩國中，也被承認為政權的第三個爭奪者。事實已是這樣地簡單，只有那些故意閉着眼睛的人，才在這三個階級的爭奪戰以及我們利益的互相衝突之中看不見那些近代歷史的動力，至少這兩個先進國家的歷史的動力。

資產階級與無產階級的興起是由於經濟的原因

然而這新興的兩個階級是怎樣地發生的呢？如果封建式的土地私有權的起源，像一般人所說，是由於政治的原因，是由於以武力強佔土地而來，那麽這對於資產階級及無產階級的出生，怎樣解釋呢？他們是不能夠這樣作的。這裏的事實，明明白白地暴露着這兩大經濟階級的起源與進步，必須是純粹的明顯的經濟原因。同樣，在地主階級與資產階級間以及資產階級與無產階級間的鬥爭中，經濟的利益是異常重要，而所謂政治權力，只是增加經濟利益的工具，這一事實，也是十分明白的。

近代歷史的發展——生產力與生產關係的衝突

資產階級與無產階級都是由經濟條件之變遷的結果中發生出來，嚴格言之，由生產方法之變遷的結果中發生出來。近代的經濟史，從基爾特所把持的手工業轉到工場手工業，再從工場手工業又轉到運用

四　辯証法的唯物論與唯物史觀

蒸汽力及機器的大工業，就在這樣的一個轉變過程之中，發展了這兩個階級。在歷史的某種特定的階段，基於分工與聯合各種勞動於一個工場之中的方法，資產階級運轉了新的生產諸力。同時變換方法以及由變換工具所發展的交換的新的需要和由法律所承認的舊日歷史上生活方法的殘留——那些封建社會組織的基爾特及各種身分的特權（這些特權對於沒有特權的人，不會許多桎梏）起了衝突。那由資產階級所引來的新的生產諸力便起而反抗那由基爾特行東及封建地主所代表的舊的生產方法。牠的結果，是大家所知道的。封建的桎梏是被剷除了。在英國是漸次的，在法國是猛然一聚的，至於德國，這個過程尚未完成。正像工場手工業在一定的進步階段之上與封建式的生產方法必然地引起衝突一樣，今日的大工業也與那代替封建式的生產方法的工業的資產階級的社會組織作着不斷的戰爭。大工業在這種資產階級社會制度的束縛之下，由於資本主義式的生產方法的褊狹限制，就發生出兩種現象：一方面大多數的羣衆不斷地轉變為無產者，另一方面，不能銷售的商品數量不斷地增加着。過剩生產與大衆的貧困，二者互為因果，這就是大工業發展途中不合理的矛盾。由於這個矛盾的深刻化與擴大化，其結果必然的需要着經過生活的變改而去直接管理那些新的生產諸力。

因此至少在現代的歷史中事實已經證明：一切政治的

86 費爾巴哈論

鬥爭，全是階級的鬥爭：一切階級所舉行的解放鬥爭，不管牠們的必然的政治形式如何（因為任何的階級鬥爭，都是政治鬥爭）歸根結底，都趨向於經濟的解放。所以在這裏，國家，政治制度是次要的；資產階級社會，經濟關係的統治乃是決定的因素。不過舊式的哲學，就按黑格爾說，却把國家當做決定的因素，而把資產階級社會當作由國家所決定的因素。表面的現象，似乎也相應於這樣的觀念。正像一個人的一切衝動，必須經過他自己的頭腦，並且為着推動他起見，這些衝動必須轉變自己為他的意志的動力一樣，資產階級社會的慾求，不論何種階級是統治者，也必須參入於國家的意志之中，在法律的形式之下，取得一般的承認。然而這只是自明的事實的形式方面，真正的問題，還在于這些形式上的意志——個人的及國家的——包含着什麼內容？這些內容來自何處？為什麼就是這樣的慾望而不是別的呢？如果我們研究到這些問題，我們就在近代的的歷史中發現出：國家的意志，就大體而論，是依着資產社會之需要的變遷而變的，是依着這個或那個階級的統治的變遷而變的，根本言之，也就是依着生產諸力與交換的各種條件的發展情形而有所不同的。

> 政治的鬥爭是階級的鬥爭是經濟解放的鬥爭

> 國家的意志是決定于生產力與交換條件

四　辯証法的唯物論與唯物史觀

但是如果在我們現在的時代，具有驚人的生產與交換的方法的時代，國家尙且不是一個獨立發展的獨立事物，牠的存在與進化，究底言之，必須求其解釋於社會生活的經濟條件之中，那麼，這同樣的事情，在一切較早的時代

<u>國家決定于經濟在近代以前更應如此</u>

，當然是更爲眞實的了。那些時代的生活必需品的生產，並沒有現在生產與交換的方法的廣大的助力，所以這個必需品的生產，對於人們是有着極大的支配力的。如果國家在大工業及鐵道運輸的今日，就其大體而言，僅僅是管理生產的階級之慾求的綜括的反映形式，那麼牠在從前的時期更當如此。在那些時期，人們必須耗費其生活時間之總體的大部分，以滿足他們的物質需要，因此他們之依賴於經濟的要求，比我們更甚。事實上，如果我們忠實地依着這樣的方向，去進行早年時代的歷史的考查，一定能夠更加証明這個學說。不過這裏我們是不能從事這樣工作的。

<u>私法的內容及其種類</u>

假如國家及公法是經濟條件的產物。那麼規定人與人間的關係的私法，更不能例外，因爲牠的作用，只不過把已成的經濟關係加一番承認而已。不過這個私法形成的形式却可有種種的不同。有一種，譬如在英國所發生的，按照自己國家發展的情形，保留着大部分的舊日的封建法律的形式，

| 88 | 費爾巴哈論 |

給這些封建法律以中等階級的內容,甚至以中等階級的意思去解釋封建的名詞。但是在歐洲大陸西部的另一種,則以產生商品的社會的第一次普通法——羅馬法為基礎,這個法典保有不可超越的深刻的成績,釐定出一切的商品所有的法律關係(賣者與買者,債權者與債務者,各種契約、各種債務等等)我們可以把牠當作普通法,以供給小資產階級及半封建式的社會之利用。不過這種民法也可以是其他的一種,藉着開明的及道德化的法律家的努力,一種特有的法典(這種法典以法律的眼光言之是不好的)被訂定出來,以應某種特別社會的環境,普魯士的地畝法,就是這樣。再進而言之,在資產階級的大革命以後,一種適應於資產階級社會的典型的法典,如同法國的"民法",也可以創造出來。如果這些資產階級的法律,只是宣告社會的經濟情況的,那麼牠們依着經濟條件之不同,可以有良否的差異。

> 國家是影響人們的第一種意識力量

在國家形式之中,人們首先感覺到第一種意識形態的力量,對於人的支配。社會為着保護自己的利益,為着防止外部及內部的襲擊,不得不造出一個機關。這個機關就是國家的權力。在這種機關未統治社會以前,國家是不能發生的。事實上國家自發生之日起,就是一部分人對別部分人的統治;而且國家總變為某個特別階級的機關

四 辯證法的唯物論與唯物史觀

也就愈加保護某個特別階級的統治權。於是被統治階級對於統治階級的鬥爭，必然轉變為政治的鬥爭，必然轉變為推翻統治階級政權的鬥爭。至於政治鬥爭和其潛在的經濟原因之關聯的意識，却十分曖昧，有時甚至是全部消失的。這在身臨戰陣的爭鬥者雖不至如此，可是說到歷史家，差不多是這樣子的。古代羅馬共和時代的內部衝突，其歷史的泉源只有亞平（Appian）一個人把牠的究底的原因，給我們以清晰的明白的解釋，說那只是土地私有權的爭奪。但當這個國家組織，在社會上已經變為一個獨立的勢力時，牠就擴展為一個強而有力的意識形態。在那些實際的政治家、一般法律學的理論家以及那些特別部門的法律家的心目中，國家是植根於經濟條件內的一件事，是完全排斥在視線之外的。既然在各別場合之下，經濟的事象必須蒙披着由法律所承認的合法動機的形式，因而人們於每次事象之中，常常要回顧到已成立的法律的整個體系，於是事實就成了這樣：法律的形式就是事象的全體，所謂經濟的內容根本就沒有那回事。於是公法與私法被看作獨立的領域，各有其獨立進化歷史，牠們依着祛除內部矛盾的需要，是可以自成體系的。

那些更高的意識形態，與其經濟基礎更遠離的意識形態，具着哲學與宗教的形式。這裏，這些觀念與物質生活條件的關聯，因為中間的無限的連鎖，使得事象格外複雜

費爾巴哈論

哲學與宗教是與經濟基礎相距較遠的意識形態

格外隱晦了。不過這種關係終竟是存在的。正像十五世紀中葉的文藝復興的潮流，是當時自由城市的產物，是資產階級抬頭的產物一樣，從那個時候以後的新興哲學，也是這個同樣社會背景的產物。這些哲學的內容，實在就是中小資產階級到大資產階級發展過程中的思想的哲學方面的表現。在十八世紀的英法兩國，大部分的偉大的政治經濟學家，同時就是哲學家，不是明顯地表示着這個事實嗎？說到黑格爾學派，那更是切近地証明了。

哲學與經濟

宗教歷史與經濟歷史之關聯

現在讓我們來看一看宗教。牠是離開物質生活而且最沒有關聯痕跡的一種意識形態。牠在人類發展的極早時期，蒙昧時代，從人們對於自己及環繞他們的自然界的某些錯誤及無識的觀念中發生出來的。不過每個意識觀念一發生，牠就會自行發展，基於已形成的觀念之上，漸次地成長，一直繼續下去。不然，那就無所謂觀念系統，就是說無所謂獨立存在的思想——依着自己的規律而自行發展的思想體系了。又之這種在人們頭腦中活動着的思想的力量，其思想過程的路線本是決定于人們生活的物質條件的，但是這件事實對於古代的人們是茫然無知的，否則這種意識形態就達到最後的終結。因此，那些為原始的血統相近的

四　辯証法的唯物論與唯物史觀

諸部落的集團所共同的原始宗教觀念，在這個集團分散以後，依着各個部落的特別生存條件，發達爲各種不同的形態。關於某個部落集團的這種宗教意識的發展過程，尤其是雅利安族（Aryans），已經爲比較神話學所闡明了。那由每個部落所發展的諸神，只是民族神。他們的權力，只

原始民族與原始宗教

限於保護該民族的領土。在這些領土境界之外，是屬于其他諸神統治之下的。牠們的存在，完全依附於該民族的壽命。那個民族滅亡之日，牠們亦隨之滅亡。那些古代民族的滅亡造成了羅馬帝國的興起，在此地，關於牠的經濟情形，我們暫且不提。於是那些舊日的民族諸神和原來限於羅馬城中

羅馬帝國與世界宗教

的羅馬神，都一齊倒了。爲着以世界宗教的方法，去造成世界帝國的企圖，曾經明白地表示於下述事實：即在羅馬城中設了

許多祭壇，正式地承認一切可敬的外族諸神以及不甚重要的各種神。但是新的宗教絕不能以帝國詔令的形式去創造出來。於是那個新的宗教——基督教，就由東方諸宗教，猶太神學及普遍化的希臘哲學尤其是斯多亞派的哲學的混合，秘密地漸露頭角。這個新宗教的形成過程如何，我們是很難於研究的。因爲當牠呈現於我們的面前時，牠就已經具的是羅馬國教的形式；這個國教的形式，是經過尼斯（Nice）會議所完成的。不過牠旣然能在二百五十年以後成

92　費爾巴哈論

爲一個國家宗敎，牠一定是一個適於當時環境的宗敎，這在中世紀是十分明瞭的。順着封建制度的發展，他自己也漸變爲封建式的；其內部的敎吏層級，和封建制度是一個模樣。及至資產階級興起以後，牠就發展爲新敎的異敎派，反抗那封建式的天主敎。這個事實是起始於法國南部的自由城市最興盛時期的阿爾比金敎派（Albigenses）的。在中世紀時代，一切存留的意識形態、哲學、政治學，法律學都歸併於神學，作着神學的附屬部分。因此，這個時代逼着一切社會政治的運動都冒着神學的形式。如果要掀起一個驚天的風暴，對於那些充滿宗敎的大衆的心靈，也必須在宗敎的面具之下，去指示他們的利益。在資產階級登台之始，牠就帶來了一種附屬物——無產平民（工銀勞動者及各種的僕役——無產階級的祖先），他們在城市中並沒有法認的地位，於是那個異敎派老早就又分爲一個市民方面的穩健派與一個無產平民的革命派。而這個革命派，又是資產階級異敎徒所深惡痛絕的。

〔封建社會與基督敎〕

〔資產階級的強大與宗敎改革〕

消滅新敎邪說的失敗與當時資產階級的澎漲，是相互地照應着。並且因爲資產階級勢力的發展，從前所舉行於各個地方的推翻封建貴族的戰爭，現在漸變爲一個民族範圍的事業了。第一次的偉大衝突，爆發於德國，那就是所謂

四 辯証法的唯物論與唯物史觀

宗敎改革。這時，資產階級的勢力，還沒有強盛到發展到一個境地，足以聯合城市無產階級、小貴族及鄉村區域的農民於一個旗幟之下，作着公開的反叛。結果，貴族是首先打倒了；農民運動達到整個革命的最高水準，被城市遺棄於困苦顛連之中了。於是革命委給於鄉村縉紳的領袖之手，一切的勝利，都是他們的。而此後三百年內，德意志亦不得列於獨立的長足進步的國家之林。但是在德國人路德之後，又來了那個法國人加爾文。他以法國人的銳敏能力，把資產階級的革命性質，輸入於敎會之中。他把敎會共和化了民主化了。當路德的改革運動在德國衰落下去，德國也便消沉無聞的時候，加爾文主義却成了日內瓦、荷蘭、蘇格蘭等地的共和黨人的革命旗幟。牠把荷蘭從德意志和西班牙的統治之下解放出來。同時又對於英國資產階級的二次革命，給了思想上的護符。在這裏加爾文主義證明着自己整個是爲資產階級統治的利益作辯護的宗敎形式，所以在一六八九年革命終結於一部分的貴族與中產階級關和之時，牠就不能再實行下去了。英國官家敎會恢復起來了；不過並不是早年以國王爲敎皇的形式，而是很深地混和着加爾文主義的色彩。舊日的官家敎會。保存着那個歡樂的天主敎的禮拜日，極力地反對着那個枯燥的加爾文的禮拜日。然而新的資產階級的敎會，却採用了後者，並且引以爲英國的無上光榮。

94　　　　　費爾巴哈論

在法國加爾文少數派於一六八五年，完全被壓服了。有的變為天主教徒，有的被逐出國境。然而這有什麼好處呢？接着這個事件以後，自由思想者拜爾（Peirre Bayel）就出而從事工作，一六九四年瓦爾泰（Voltaire）又誕生了。路易十四的專制統治，只是逼着法國資產階級更易於採取政治的形式去遂行其革命罷了；而且採取政治形式的革命。對於進步的無神主義的資產階級，是最適宜不過。那些自由思想者代替着新教徒，佔據着國會的議席。於是基督教就達到了自己的最後階段。牠再不能為一個更進步的階級，作着努力前進的意識形態的外衣；牠只有漸次轉變為那些統治階級的專有物了。這些統治階級只把牠用為政府的一種工具，去籠絡那些下層階級，使之永遠屈服。並因為這個緣故，各種不同的統治階級都有適合於自己的宗教。那些地主階級頂戴着天主耶穌教或新教的正統派；自由的激進的資產階級則頂戴着理性教。至於這些人們對於他們各自的宗教，到底信不信，那是沒有關係的。

　　從此我們知道宗教自誕生以來，就包含着許多傳統的東西。因此，在所有的意識形態中，宗教是一種最富於保守性的力量。不過那些傳統的東西的變遷，是發生於社會的階級狀況的變遷的，也就是發生於實行變更牠們的那些人的經濟環境的變遷的。我們在這一段內所能說的，也

（側註）法國的自由思想家代替了新教徒

四 辯証法的唯物論與唯物史觀

就够了。

在這裏，對於馬克斯的歷史哲學，也只能給一個普通的綱要，尤其是對於牠的解釋方面。這個學說的證明，可以從歷史自身中發現出來。關於這個我可以坦然地說：在我們的其他的著作中，已經充分地作過了。但是我們要知道這個唯物的歷史哲學終結了歷史領域中的一切哲學學說，正像自然界的辯證法唯物哲學，使得一切自然哲學變為無用與不可能一樣。實際上我們已經不再需要去創造一切事象的內部關聯，而是要從事象之中去發現牠們。哲學自從離開自然及歷史的區域以後，牠只剩下一個純粹思想的領域——如果還有剩餘的——那就是思想過程自身之規律的學問——邏輯與辯證法。

> 唯物的歷史哲學終結了歷史哲學

經過了一八四八年革命以後，"開化"的德國憎惡着理論而轉向實際去。基於小規模生產與工場手工業之上的手工工業，為大工業所驅逐——德國重新出現於世界市場。新興的自利的德國，勇敢地除去牠自己發展途中的最顯著的障碍——那些由小國的統治與封建社會及分裂經濟的殘

(註一) Speculation 原意為思考，後來用為投機，這裏是雙關二義的用語。(譯者註)

96　　　　　費爾巴哈論

餘所發生的障碍。但當Speculation（註一）離開哲學家的研究室而在交易所中找得自己的廟宇時，那在德國政治的衰敗時期所引以為光榮的偉大的理論思想，對於純粹科學進步的熱誠，不顧實際利益與不畏警察干涉的精神，也在開化的德國消失了。誠然德國的官家的自然科學，還保持着自己的地位，尤其是在單個事物的發現方面，還站在時代的最前線。可是美國的雜誌"科學"現在正說着：關於個別事物間關係之系統的考查及由這些事象之中綜合出定律來——這樣確定的進步，現在是在英國發展，代替了早年的德國了。至於歷史的科學，連哲學也包括在內，那古典哲學的從前的研究理論的精神以及個人成功在所不計的犧牲氣概，已經是完全消滅了。代之而起的，乃是無思想的折衷主義，斤斤于個人的功名與利得的下賤的諂諛學說。這種科學的公然的代表人物，已經轉變為資產階級與現存國家的御用學者了；然而這正是資產階級與國家和工人階級公開衝突的時候。

> 一八四八年後的德國理論界

> 工人運動就是古典哲學的真正繼承人

只有在工人階級中，這種專誠於抽象思想的德國精神，還確定地繼續着。在這裏，此種精神是不能搖動的。他們不願功名，不計利得，不求媚於上層階級的保護。而且相反，科學前進的路程，愈是獨立，愈是

四　辯証法的唯物論與唯物史觀

不受限制，科學就現出自己愈是切合於工人階級的利益與要求。那把勞動發展的歷史認為是了解社會的普遍歷史之樞鑰的新的趨向，首先表露自己於工人階級，並且在他們中間得到了自然的接收。這種接收是不能尋求於不能希望於官家的科學的。因此德國工人階級的運動，就是德國古典哲學的眞正的繼承人。

附　錄

費爾巴哈論綱——馬克斯

——一八四五年春寫於布魯拾爾——

一

現在以前的一切唯物哲學（連費爾巴哈的哲學在內）的主要缺點，在于把事物、真實世界、或對於外界的感覺只就其映射於人們的感官的客觀意義客觀形式方面去觀察牠考查牠；而不把牠在人的意義上、在與人類的活動及"實習"的關聯上，就是說在主觀的意義上去考查牠。因此，那個與當時唯物論相對的自動的行動方面，就由觀念論發揚出來；然而那只是抽象的。這個道理是極自然的，因為觀念論是不把那些真實的可感觸的事物認作自動的

100　費爾巴哈論

東西的。誠然，費爾巴哈是十分願意把人們所感覺的客觀事物，與存在於思想中的事物區別開來；可是他不能把人類的活動自身也看作客觀的活動。於是他在"基督敎本質"中，只認爲理論的活動是眞正人的活動，而把實際的活動"實習"，在其可厭惡可鄙棄的形式之下了解着。

二

人的思想能否認識客觀眞理的問題，不是一個理論的問題，而是一個實際的問題。在實際上，人們可以証明眞理，可以証明在他們正確思想中的眞實性與認識能力。對於脫離實際行動的那種思想，而强作眞實與否的討論，只是純粹經院哲學式的問題。

三

唯物論的理論只說：人是環境與敎育的產物，因此不同的人是各種不同的環境與不同的敎育的產物。但是牠忘記了環境是可以爲人們所變更，而敎育者自身也是要受敎育的。因此，這樣的事實就必然發生：社會分成兩個部分，其中的一個部分是高舉在社會之上的（滹文——Robert Owen——就是一個例証。）

那個環境的變更與人們行動的變更同時發生的事實，只有看作革命的事象才能正確地把握與了解。

四

費爾巴哈以宗教的自我消滅，以世界之分析為宗教之想像的及眞實的兩方面為出發点。他的工作就在於發現宗敎世界之人間的物質基礎。但他忽視了：在這個工作完成之後，最重要的工作還留着沒有結束。那個人間的物質基礎脫化自己，在雲端建築起自己的王國的這件事實，只有依着物質基礎內部的複雜情形與自相矛盾來解釋。而這個人間的物質基礎，首先必須瞭然於自己的矛盾，然後再以矛盾的揚棄方法去澈底地改革自己。這樣在發現出地上的家族是神聖的家族之秘密以後，人們就必須理論地批判地上的家族並且實際地（註一）去改革牠。

五

費爾巴哈不滿足於抽象的思維，所以他乞求於由感官所產出的印象；但是他沒有把這些印象這些感覺看作實際的感覺活動。

(註一)原文為理論地（Theoreytically），諒係錯字。（譯者註）

六

费尔巴哈把宗教分解為人性；但是這個人性並不是隱藏在每個個人身心內的抽象體。在牠的實際上，牠乃是人類社會生活的總體。

費兒巴哈不能進而去考查這樣事實，所以他被逼着：

一、從歷史過程中抽象出宗教的感情，使牠成為獨立存在的東西；並且去設想一個抽象的獨立的人類的個人。

二、因此，人性被他認作一個"物種"，一個與許多人的"性格"天然一致之潛在的種類。

七

因此，費爾巴哈不知道宗教的感情自身就是社會的一種產品。他也不知道他所分析的抽象的個人，實際上是屬於一個特殊的社會的。

八

社會的生活根本上是實際的。一切引誘人們於神秘主義的奇跡，總可以在人類實踐生活上、在這個實際生活的

費爾巴哈論綱

反映的概念中找到牠的解答。

九

唯物論所達到的最高点——那個只在感覺的直觀形式之下去了解外界而沒有把感覺對於外界的關係看作是人類對於外界的活動的唯物論所達到的最高點，只是資產階級社會的"個人"的觀點。

十

舊唯物論的立場是"資產階級"的社會，新唯物論的立場是"人類"的社會或"綜合的"人性。

十一

許多哲學家只是各式各樣地來解釋世界；然而最重要的事件，却在於變革世界。

——完——

后记

"马克思主义经典文献传播通考"丛书经过三年多的立项、写作、编辑,终于呈现在广大读者面前。

"十月革命一声炮响,给我们送来了马克思列宁主义。"从此,以李大钊为代表的中国先进分子选择了这一思想并积极推动马克思主义政党的建立。中国共产党成立后,坚定地把马克思主义作为指导思想和理论基础,推动着中国革命、建设和改革事业不断胜利,推动着中华民族复兴伟业不断前行。2018年是马克思诞辰200周年,2020年是《共产党宣言》第一个完整中译本出版100周年,2021年是中国共产党成立100周年。在这样的背景下,我们推出了"马克思主义经典文献传播通考",就是要探寻马克思主义经典文献是如何传入中国的;在传播过程中,无数前辈付出了怎样的努力和牺牲;这些经典思想又怎样与中国实际相结合、与中国文化相融合,从而成为指导中国革命和建设的强大思想力量。

辽宁出版集团和辽宁人民出版社秉承出版理想,担当出版使命,以强烈的主题出版意识,承担了这一重大出版工程的编辑出版工作;积极组建工作团队,配备优秀编辑力量,为此项出版工程的顺利推进提供了多维度保障。

在出版项目实施过程中,杨金海、李惠斌、艾四林三位主编以高度的责任意识、严谨的治学态度、扎实的学术功底和深厚的专业素养,为丛

后 记

书的研究方向、学术内容、逻辑结构、作者选择、书稿质量把关等贡献了大量的智慧，是这套丛书得以顺利出版的根本保证。王宪明、李成旺、姜海波三位副主编全力配合丛书主编工作，为丛书的编写付出了大量心血。特别是常务副主编姜海波全身心投入丛书的编写工作，从丛书所附影印底本资料的搜集，到书稿编写的整体协调和联络，都精心负责，其认真的工作精神和勤奋的工作态度，令我们感动。原中央编译局的领导和研究人员为本丛书的出版作出了积极贡献。原副局长张卫峰在选题立项、主编人选的推荐和丛书的设计上给予热心指导；中央编译出版社原社长和龑先生和我们一起全力推动丛书的出版，贡献了智慧和力量。清华大学马克思主义学院作为项目的主持方，为项目的平台建设和未来学术发展提供了强有力的支持。每本书的作者都殚精竭虑、勤奋写作，奉献了自己的学术和研究成果，成就了如此大规模丛书的出版。我国理论界和翻译界的著名专家陈先达教授、赵家祥教授、宋书声译审等对丛书的出版给予鼎力支持，为丛书的出版立项积极推荐，给我们以巨大鼓舞。我们出版行业的老领导柳斌杰对丛书的出版给予大力支持，提出许多宝贵建议，提升了其出版价值。辽宁出版集团专家委员会的许多成员对该丛书的出版给予了智力和业务上的支持帮助。作为丛书的出版方，我们向他们表示深深的谢意！

一项浩大出版工程的背后，必定有一批人的智慧付出和竭诚奉献。今天，当出版成果摆在读者面前之时，我们由衷地向每一位对本丛书问世作出贡献的人致以崇高的敬意和诚挚的谢意。由于我们水平有限，在编辑出版过程中难免出现疏漏，还望广大读者批评指正。

编 者

2019 年 7 月